lonely planet

DE CERCA
MÁLAGA

Margot Molina

Sumario

Arriba: cubiertas de la catedral (p. 42).
Abajo: Muelle Uno (p. 92).

Puesta a punto ... 4

Explora Málaga ... 39

Guía práctica ... 143

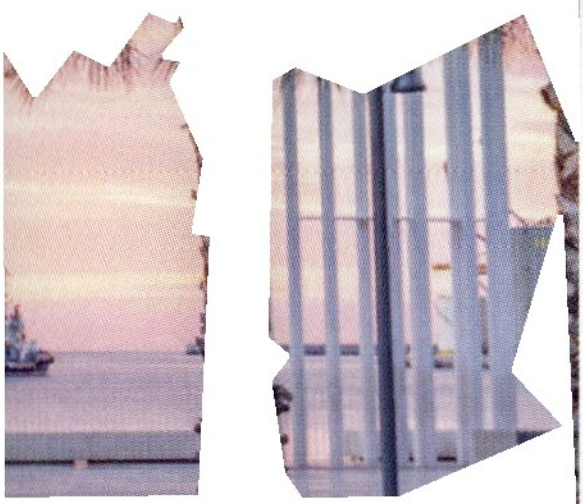

★ Imprescindible

★ Merece la pena

El viaje empieza aquí

Aunque suene a tópico, Málaga es mar, sal, espetos de sardinas y biznagas. Málaga es un verano eterno. Aquí el paso de las estaciones apenas se percibe. Y el invierno solo se nota cuando el sol se pone y refresca. Con el cambio de era, nosotros, los boquerones, nos desperezamos tras el letargo de casi medio siglo en el que nos sumió el fin de la Revolución Industrial. La Málaga de hoy ha recuperado su amor por la cultura y ciertas inclinaciones hedonistas y se ha trasformado en una ciudad repleta de arte que recibe con los brazos abiertos a quienes llegan de todas partes del mundo.

Margot Molina

Nacida en Málaga, es periodista y viajera, o viceversa, según el momento. Especializada en periodismo cultural, ha trabajado más de tres décadas en *EL PAÍS*, ha escrito también sobre sus periplos en buena parte del mundo en revistas de viajes. Autora de otros títulos editados por Lonely Planet, reside entre Sevilla y Málaga y nunca pierde de vista la máxima heredada de sus antepasados romanos: *carpe diem*.

Plaza del Obispo (p. 55).
KIRK FISHER/SHUTTERSTOCK ©

LO MEJOR

Experiencias patrimoniales

Aunque la ciudad ha conservado un buen ejemplo de su pasado romano, el céntrico teatro, sus edificios más significativos datan de entre el gótico-mudéjar y el Renacimiento. Pero la gran identidad urbanística local llegó de la mano de la Revolución Industrial y su elegante y sobria arquitectura civil decimonónica.

Comprender el pasado de la ciudad en el **teatro romano,** una construcción del s. I aún en uso y a la vista desde la calle. (p. 59; foto)

Deambular por las murallas de la **Alcazaba,** levantada en el s. XI como fortaleza militar y convertida en palacio en el s. XIII. (p. 58)

Disfrutar de la espléndida vista de la bahía desde el **castillo de Gibralfaro,** un conjunto que corona el monte homónimo y que siempre ha tenido uso militar. (p. 58)

Recorrer 2700 años de historia en el sótano de la **casa de Correos y Telégrafos,** un edificio regionalista que conserva restos de la muralla fenicia y piletas romanas en las que se preparaba el *garum.* (p. 64)

Admirar la portada de mármol del astillero nazarí, s. XIV, que actualmente da paso al universo de sabores y colores del **Mercado Central de Atarazanas.** (p. 77; foto)

Contemplar el **palacio de Buenavista,** el mejor edificio renacentista que se levantó tras la conquista de la ciudad por los Reyes Católicos y sede del Museo Picasso. (p. 49)

Conocer la arquitectura civil del Renacimiento en el **palacio de Villalón,** que ha recuperado su estructura original y desde 2011 acoge el Museo Carmen Thyssen. (p. 80)

Acercarse a la obra de Antonio Ramos, maestro mayor de la catedral, en el **Palacio Episcopal,** con su armónica fachada barroca y su escalera imperial. (p. 60; foto)

Sorprenderse ante las dimensiones del **palacio de la Aduana,** un edificio neoclásico de los ss. XVIII-XIX que en el 2016 se convirtió en el Museo de Málaga. (p. 50)

Pasear por la **calle Marqués de Larios,** arteria de 350 m peatonalizada en el 2002 y convertida en el gran salón de Málaga. Eduardo Strachan es el autor de los elegantes edificios decimonónicos que la flanquean. (p. 55; foto)

Familiarizarse con las formas puras de la arquitectura racionalista en el **Mercado de Mayoristas de Málaga,** obra de Luis Gutiérrez de Soto de 1943 y que alberga el MUCAC Mayoristas. (p. 80)

Profundizar en la época de la Revolución Industrial malagueña recorriendo los panteones del **cementerio de San Miguel,** de principios del s. XIX, donde descansan las familias que la protagonizaron. (p. 60)

LO MEJOR

Terrazas con vistas

Con unos 330 días soleados al año y una temperatura media de 18ºC, Málaga es un paraíso para disfrutar de una copa al aire libre todo el año. Algunas terrazas están preparadas hasta para la lluvia. Muchos hoteles abren al público sus azoteas con bares y vistas inéditas.

Para descubrir las cubiertas de la catedral, lo mejor es subir al **Rooftop AC Hotel Málaga Palacio,** una de las terrazas más glamurosas. A veces cobran entrada. (*c. Cortina del Muelle 1;* foto)

Dominar desde la Alcazaba hasta el puerto es posible desde **La Terraza de Valeria,** un local frecuentado por artistas. (p. 87; foto dcha.)

Controlar la bulliciosa calle Larios desde **Lolita,** el bar del hotel Only You en La Equitativa. (p. 88)

Descubrir el lugar favorito de los malagueños para ver la puesta de sol. **El Mirador del Mediterráneo.** (p. 68)

Disfrutar de un atardecer mágico desde la cima del monte Miramar en el bar que ocupa el jardín del hotel **Castillo Santa Catalina.** (p. 102)

Otear la catedral y el centenario Parque en **The Top,** en la 8ª planta del Hotel Molina Lario.

Vistas desde la terraza El Mirador del Mediterráneo

LO MEJOR

Parques y jardines

Desde hace más de un siglo, el Parque es el corazón de la ciudad, aunque en el centro abundan pequeños vergeles heredados de la cultura andalusí. La otra gran referencia es la finca de La Concepción, en la entrada norte de la capital, un jardín histórico con más de 2000 especies tropicales y subtropicales.

Abstraerse del mundo es posible en pleno centro adentrándose en el **Parque,** pulmón urbano y bello eje principal que vertebra la ciudad y la acerca al puerto. (p. 92; foto)

Aprender sobre plantas carnívoras, orquídeas, cactus o palmeras en el **Jardín Botánico-Histórico La Concepción.** (p. 62)

Descubrir los secretos del **Jardín Histórico El Retiro,** una gran finca del s. XVII que conserva su jardín-huerto y un jardín cortesano de estilo italiano con esculturas y fuentes. (p. 140)

Conocer el **Jardín Histórico de la Cónsula,** una finca agrícola que el cónsul de Prusia convirtió en un refinado jardín francés. (p. 139)

Pasear en familia o hacer deporte en el **parque del Oeste,** un concurrido parque público alrededor de un gran lago en el que conviven aves, tortugas y peces. (p. 130; foto)

Jardín Botánico Histórico La Concepción

LO MEJOR

Templos

Tras la toma de Málaga en 1487, lo primero que hicieron los Reyes Católicos fue consagrar la mezquita Mayor, para después iniciar un programa de difusión de la fe católica con la construcción de cuatro iglesias (Santiago, San Juan, los Mártires y el Sagrario), que aún hoy permanecen abiertas.

Descubrir el tránsito del gótico al Renacimiento en la **catedral,** construida sobre la mezquita Mayor. (p. 42; foto)

Leer el mensaje de la portada gótica del **Sagrario,** templo anexo a la catedral en cuya puerta se justifica la Reconquista por la necesidad de restaurar la fe católica. (p. 42; foto dcha.)

Conocer la **iglesia de Santiago Apóstol,** una de las cuatro parroquias que levantaron los Reyes Católicos a principios del s. XVI, renovada para adaptarla al barroco. (p. 63)

Sorprenderse ante la torre de ladrillo del s. XVI de la **iglesia de los Santos Mártires,** también erigida tras la toma de Málaga en estilo gótico-mudéjar y remodelada en el s. XVIII. (p. 82)

Admirar la cripta de estilo barroco macabro del **santuario de Santa María de la Victoria,** que acoge a una de las patronas de la ciudad. (p. 61)

Cripta del santuario de Santa María de la Victoria.

Creación culinaria de NO-VO.

LO MEJOR

Experiencias gastronómicas

La cocina malagueña ha experimentado una revitalización. Sus tradicionales platos de cuchara, como el gazpachuelo, el potaje de habichuelas y calabaza o los garbanzos con jibia, han llegado a las cartas de los restaurantes por derecho, para sumarse a sus famosas frituras de pescado, con el boquerón a la cabeza, y a los insuperables espetos de sardinas.

A la cocina de los **Hermanos Alba** llega lo mejor de la lonja de la Caleta de Vélez, además de las sutiles coquinas, las quisquillas o las conchas finas. (p. 119)

Benito Gómez, chef del galardonado restaurante Bardal de Ronda, ha abierto **Tragatá Málaga,** un local más informal pero que mantiene sus estándares de exigencias. (p. 85)

Para probar la cocina clásica malagueña basada en los productos de temporada, hay que ir a **Refectorium Malagueta:** carnes y pescados elaborados de forma sencilla para resaltar sus cualidades. (p. 102)

Aunque alejada del centro, merece la pena acercarse a **La Taberna de Mike Palmer,** un bonito rincón con una cocina sofisticada para paladares exigentes. (p. 103)

La cocina mediterránea y el *sushi* se llevan muy bien en la carta de **NO-VO,** un nuevo restaurante que sorprende gratamente. (p. 86; foto)

Un buen lugar para los amantes del pescado es **A Babor,** donde ofrecen productos de la bahía malagueña cocinados y servidos con mimo. (p. 119)

Un imprescindible para los amantes del cuchareo con una carta siempre cambiante es **La Cosmopolita.** (p. 66)

Darse un capricho en un restaurante gastronómico que ofrece innovación y creatividad con productos de temporada es posible en **La Alvaroteca.** (p. 134)

Si se prefiere la cocina de raíz con un toque de modernidad, **CB-23** ofrece una amplia carta en un luminoso y céntrico local. (p. 86)

Para comer como en casa no hay nada mejor que **Los Hidalgos,** un negocio familiar muy popular por sus frituras de pescado y sus buenos precios. (p. 67)

Cocina malagueña de siempre en un agradable local junto a la catedral es la propuesta del **Mesón Rincón Catedral.** (p. 67)

En una visita a Málaga no debe faltar un chiringuito clásico, como **Miguelito el Cariñoso,** donde disfrutar unos sabrosos espetos de sardinas frente al mar. (p. 119)

DE IZDA. A DCHA.: NO-VO ©, NITO/SHUTTERSTOCK ©

LO MEJOR

Bares

A medida que la fama de la ciudad ha ido creciendo, también lo ha hecho el precio de los alquileres. Esto ha llevado al cierre de muchos bares, si bien aún quedan algunos para ir de tapas y seguir cumpliendo así la ordenanza del rey Alfonso X el Sabio.

La **Antigua Casa de Guardia** es la bodega con más solera de la ciudad y se conserva casi igual que en 1840. (p. 87; foto)

Esta laberíntica bodega parece un museo, con sus carteles antiguos y azulejos. Aunque muy turística, **El Pimpi** no ha perdido su encanto y ofrece muchas opciones para tapear. (p. 68)

Para los malagueños, la cafetería con los mejores churros de la ciudad es **Casa Aranda.** Siempre está muy concurrida, pero merece la pena encontrar un hueco. (p. 87)

Si uno quiere hacerse una idea de cómo vivía la burguesía local a principios del s. XX y disfrutar de un café, el lugar es **Puerta Oscura.** (p. 68)

Quedan pocos, pero **La Campana** es uno de los pequeños reductos del centro donde acompañar los vinos con buen *pescaíto* frito. (p. 69)

Adentrarse en el mundo cofrade es posible en **Las Merchanas,** una taberna con una larga lista de tapas. (p. 88; foto)

El Pimpi.

magia de El Pimpi
Poveda
"El Pimpi"
Salero de Málaga
Danza Invisible
viva el arte
mi tierra
Peláe
AL PIMPI MI AMOR PRIMERO
CHICANO
27 OCTUBRE 2014
LOS DIOSES
ESTOPA
Pimpi
El Pimpi
EL PIMPI

LO MEJOR

Mercados y tiendas

Ir al mercado es hoy una diversión. Esta actividad cotidiana es para muchos una cita esperada que suele reservarse para los sábados y terminar en la barra de alguno de los bares que abrazan a los mercados de abastos, de ambiente bullicioso.

Atravesar la portada del astillero nazarí del s. XIV y entrar en el **Mercado Central de Atarazanas** es adentrarse en un mundo mágico que, como en *Alicia en el país de las maravillas*, dice: "Cómeme, bébeme". (p. 77; foto)

Aunque ubicado en un edificio anodino, el **Mercado de Huelin** es el más popular de la ciudad por sus puestos de pescado. (p. 125)

Una de las mejores tiendas de ultramarinos del centro es **La Mallorquina.** (p. 89)

Para los amantes de las letras nada mejor que acercarse a **Proteo-Prometeo,** histórica librería y templo del saber que defiende la libertad de pensamiento. (p. 69)

Los más pequeños, y también los adultos, alucinan al atravesar el umbral de **Mapas y Compañía,** un local lleno de globos terráqueos, guías y mapas ideal para comenzar una aventura, ya sea literaria o real. (p. 89; foto)

Mercado Central de Atarazanas.

LO MEJOR

Museos

La figura artística más potente de Málaga, Picasso, atrae todas las miradas, y sus primeros años pueden conocerse en su casa natal. El tirón de Picasso, con su soberbio museo en el palacio de Buenavista, ha atraído a grandes instituciones, como el Pompidou o la colección Thyssen, a Málaga.

Un lugar imprescindible para acercarse a la figura del artista malagueño más universal es sin duda el **Museo Picasso.** (p. 46)

Siempre hay motivos para volver al **Centre Pompidou,** una sucursal del museo parisino. (p. 99; foto)

Acercarse a la pintura andaluza romántica y costumbrista en un palacio renacentista es posible en el **Museo Carmen Thyssen.** (p. 80; foto dcha.)

La ciudad estrena proyecto en el 2025 con **MUCAC Mayoristas y La Coracha,** un nuevo museo dividido en dos sedes. (pp. 80 y 99)

Sorprenderse con la amplia colección de piezas de vidrio y cristal del **Museo del Vidrio y Cristal,** desde el antiguo Egipto hasta nuestros días, expuestas en una antigua posada del s. XVIII. (p. 82)

'Las tres gracias', Museo Picasso.

LO MEJOR

Experiencias históricas

La colección de arqueología del Museo de Málaga permite conocer mejor los pueblos que se han asentado en esta acogedora bahía desde los fenicios. La etapa mejor documentada coincide con la llegada de la industria a la ciudad, a mediados del s. XVIII, hasta principios del s. XX.

Deambular por el impresionante palacio de la Aduana, convertido en el **Museo de Málaga,** permite conocer las colecciones provinciales de Bellas Artes y Arqueología. (p. 50)

El **Museo del Automóvil y la Moda** ofrece un recorrido por la historia del automóvil junto a una colección de alta costura. (p. 129; foto)

Retrotraerse a finales del s. XVIII y descubrir cómo era entonces la vida cotidiana en la provincia es posible en el **Museo Unicaja de Artes y Costumbres Populares.** (p. 81)

Para oír cómo suenan instrumentos de los cinco continentes, asistir a conciertos en directo y descubrir pianos que tocan solos está el **Museo Interactivo de la Música.** (p. 62)

La Agrupación de Cofradías cuenta su historia desde el s. XV mediante 150 tallas procesionales en el **Museo de la Semana Santa.** (p. 62; foto)

Lo mejor para niños

Elucubrar sobre batallas en las murallas, torres, adarves y palacios de la **Alcazaba** es una experiencia inolvidable. (p. 58)

Subir a la torre del homenaje del **Castillo de Gibralfaro** y contemplar su museo con uniformes militares desde el s. XVI es siempre tentador. (p. 58)

La imaginación se dispara en la **cueva del Tesoro,** una gruta que sirvió de refugio a un general romano y sobre la que circulan muchas leyendas. (p. 115)

Navegar por la bahía, una aventura para los más pequeños disponible todo el año con tres empresas que atracan en el **Muelle Uno.** (p. 93)

Asistir a un espectáculo en el **Teatro Echegaray,** especializado en programación infantil de danza, teatro, flamenco... (p. 64)

Iniciarse en la creación artística en el **Centre Pompidou,** que cuenta con una sala dedicada a los niños, acompañados por un adulto. (p. 99)

Lo mejor gratis

Contemplar dos museos en uno, el de Bellas Artes y el Arqueológico, en el **Museo de Málaga.** (p. 50)

Admirar piezas del pasado romano, con su escenario aún en funcionamiento en algunas ocasiones, en el **teatro romano.** (p. 59)

Conocer el origen de la ciudad y su presente artístico en el **Rectorado de la Universidad de Málaga.** (p. 64)

Sorprenderse ante la versatilidad de **El Contenedor de Teatinos,** espacio de creación de la comunidad universitaria abierto a todo el público con divertidas propuestas. (p. 133)

Estar al día de las novedades con las exposiciones, películas, teatro, conciertos o talleres de **La Térmica.** (p. 129)

Asistir a exposiciones de fotografía, charlas y conferencias en el **Centro Cultural La Malagueta,** un espacio de la plaza de toros. (p. 99)

Tres días perfectos

Málaga merece mucho más de tres días, pero, si no hay más remedio, mejor planearlos bien y disfrutar a tope. Lo bueno del centro es que se puede abarcar a pie y hay muchas vías peatonales.

Jardines de la Alcazaba (p. 58).

PRIMER DÍA

Si solo se dispone de un día

MAÑANA

La visita arranca con el **Museo Picasso** (p. 46; foto), donde también se puede desayunar, seguido, tras un aperitivo en **El Pimpi** (p. 68), frente al **teatro romano** (p. 59) y a la **Alcazaba** (p. 58; foto izda.).

TARDE

Una buena opción para comer pescaíto es **Los Hidalgos** (p. 67), y para el café, un clásico como **Puerta Oscura** (p. 68). La tarde se invierte en las colecciones del **Museo de Málaga** (p. 50), en el impresionante edificio de la Aduana.

NOCHE

Tras un paseo por la calle Granada, toca cenar en **La Cosmopolita** (p. 66) y asistir a un espectáculo en el coqueto **teatro Cervantes** (p. 64). Si aún quedan fuerzas, en la plaza de la Merced hay varias terrazas, como el **Café Calle de Bruselas** (p. 68).

SEGUNDO DÍA

Un fin de semana

MAÑANA

Se toma un chocolate con churros en **Casa Aranda** (p. 87) antes de visitar el bullicioso **Mercado Central de Atarazanas** (p. 77) y la **catedral** (p. 42; foto) y, si las obras han terminado, el sagrario.

TARDE

Tras almorzar en el **Mesón Rincón Catedral** (p. 67), la pintura andaluza del s. XIX aguarda en el **Museo Carmen Thyssen** (p. 80), luego se deambula por la calle San Juan, zona comercial que se resiste a las franquicias.

NOCHE

En el barrio del Soho hay muchas opciones para cenar, entre ellas la cocina creativa del **CB-23** (p. 86) o la apuesta marinera de **Cávala** (p. 85). Un buen colofón será un cóctel con vistas en **La Terraza de Valeria** (p. 87).

TERCER DÍA

Una escapada

MAÑANA

Esta jornada se dedica al oeste de la ciudad. Comienza por la **Colección del Museo Ruso de San Petersburgo** (p. 129; foto) y un garbeo por el paseo marítimo, por donde aún despuntan algunas chimeneas que recuerdan las primeras fábricas que se instalaron en la ciudad.

TARDE

El restaurante **Mercado del Carmen** (p. 135), en el mercado de abastos homónimo, acerca la amplia oferta de pescado de la bahía. Después, se puede ver qué exposiciones, *performances* o conferencias depara **La Térmica** (p. 129).

NOCHE

Tras un paseo por el **parque del Oeste** (p. 130), nada como dejarse sorprender por la deliciosa propuesta gastronómica de **La Alvaroteca** (p. 134) para cenar.

Con más tiempo

Un paseo por el **Parque** (p. 92) y el Muelle Uno conduce al **Centre Pompidou** (p. 99; foto), un atractivo contenedor de arte contemporáneo en el que, además de las exposiciones temporales, los más pequeños cuentan con una sala creada por distintos artistas en las que pueden hacer y deshacer a su antojo.

Si el tiempo acompaña, nada como almorzar junto al mar en algún chiringuito de Pedregalejo, como **Miguelito el Cariñoso** (p. 119) o **Las Palmeras** (p. 119); el postre se deja para **Heladería Cremades** (p. 121).

Para contemplar la puesta de sol hay varias opciones, como el decadente pero romántico complejo de los **Baños del Carmen** (p. 116) o el **Rooftop AC del Hotel Málaga Palacio** (p. 8). Si hay tiempo, un relajante baño en el **Hamman Al Ándalus** (p. 84) es ideal para rematar la tarde.

La cena, también con vistas pero a la **Alcazaba** (p. 58), podría ser en el japonés **Ta-Kumi** (p. 67). Y se puede prolongar la noche con un cóctel en la mano en **The Pharmacy** (p. 84), estupenda opción para conocer a gente interesante de la ciudad.

Centre Pompidou (p. 99).

PABKOV/SHUTTERSTOCK ©

Una excursión

Recorrer el **Caminito del Rey** (foto) es una experiencia inolvidable, pero no es apta para personas con vértigo, ya que tres de los ocho kilómetros del recorrido a pie por el maravilloso desfiladero de los Gaitanes se hacen en pasarelas colgantes a unos 100 m sobre el curso del río Guadalhorce. El paisaje es sobrecogedor. Para llegar desde el centro de Málaga se puede ir en coche o en el tren de cercanías C2 hasta la parada de El Chorro, en Álora. El trayecto dura una hora. Una vez allí, un autobús turístico conecta la estación con la entrada al paraje natural *(caminitodelrey.inf; 10 €. Imprescindible reservar)*. La pasarela la construyó la Sociedad Hidroeléctrica del Chorro entre 1901 y 1905 y la inauguró el rey Alfonso XIII en el 1921, de ahí su nombre. Tras años de abandono se reconstruyó y reabrió en el 2015.

En un día de lluvia

En Málaga los días lluviosos son escasos, pero afortunadamente también se dan. Así que nada mejor que comenzar por el **Museo de Málaga** (p. 50; foto), con un amplio y bello patio en el que se puede descansar entre las secciones de bellas artes y arqueología. Si continúa lloviendo, el **Museo Picasso** (p. 46) está muy cerca y tiene un bonito café para templar el cuerpo. A pocos pasos de la salida seguro que se encuentra un lugar en alguna de las barras o los salones de **El Pimpi** (p. 68). Y enfrente, en la calle Alcazabilla, está el famoso cine Albéniz, un edificio de 1945 levantado al estilo de las salas californianas, con programación diaria y que acoge el Festival de Málaga. En esta cita, en abril o mayo, cada año se estrena lo mejor del cine español.

Prepararse

ANTES DE PARTIR

Dos meses antes Reservar cuanto antes el hotel, especialmente para Semana Santa, la Feria de Agosto y el Festival de Málaga de Cine Español *(mar o abr)*; comprar entradas para los teatros.

Un mes antes Reservar mesa en el restaurante de La Cónsula y comprar las entradas al Museo Picasso.

Una semana antes Reservar la visita al jardín de El Retiro y casi todos los restaurantes; revisar la oferta de exposiciones temporales y de conciertos.

Ropa

El clima en Málaga, con una temperatura media anual de 18,5°C, no requiere demasiada ropa de abrigo. Es conveniente vestirse en capas, ya que incluso en invierno mientras brilla el sol, se puede ir en camiseta. En los templos no permiten la entrada en chanclas, traje de baño o vestimenta demasiado escueta. Se recomienda calzado cómodo para aguantar todo el día.

PRECIOS DE LOS RESTAURANTES

Promedio de un plato principal:

Económico	€	hasta 25 €
Medio	€€	de 25 a 40 €
Alto	€€€	desde 40 €

Conviene saber

Efectivo Se recomienda llevar dinero en efectivo para las pocas tiendas y restaurantes que no admiten tarjetas de crédito. La mayoría de los establecimientos, los taxis y los autobuses municipales pueden abonarse con tarjetas.

Hablar con extraños Aunque la ciudad recibe mucho turismo, los malagueños son amables y siempre están dispuestos a ofrecer información a quien se la pida o ayudar a los visitantes. La barra de un bar es el mejor sitio para entablar conversación.

Marihuana Los adultos pueden poseer legalmente 100 gramos de cannabis para uso personal, pero su consumo en espacios públicos es ilegal y se sanciona con multas desde 601 €.

PROPINAS

En Málaga, como en el resto de España, la propina es opcional, pero se suele dejar en restaurantes, especialmente en los de lujo. También se dejan al servicio de limpieza y a los botones (1-3 €), y se redondea la cuenta en muchos lugares.

2-3 €	Redondeo	Redondeo	5-10 €
Restaurantes Por persona	**Bares** Redondear hasta el siguiente euro	**Taxis** Redondear hasta el siguiente euro	**Servicio de limpieza de hotel** Pago a la salida

PRESUPUESTO DIARIO

Económico Menos de 90 €

- Habitación doble en hostal o pensión: **60-80 €**
- Almuerzo de menú barato.
- Visitas a museos gratis.

Medio Entre 90-140 €

- Doble en hotel de precio medio: **100-130 €;** reservar y consultar ofertas por internet.
- Comidas en restaurante medio o de tapas.

Alto Más de 150 €

- Doble en hotel de cuatro o más estrellas.
- Almuerzo o cena en buenos restaurantes.

Moneda
Euro (€)

Idioma
Español

Hora local
La europea occidental (GMT/UTC + 1 h, o + 2 h en verano).

MÁLAGA PASS ©

CONSEJO

La tarjeta **Málaga Pass,** creada por el Ayuntamiento de la ciudad, ofrece acceso a 22 museos sin hacer cola, incluidos el Picasso, el Centre Pompidou y el Thyssen, además de las visitas a la Alcazaba y al castillo de Gibralfaro (*malagapass.com;* tarjeta de 24, 48, 72 h, y una semana 28, 38, 46, 62 €; se puede adquirir a través de la web o en la Oficina de Turismo de plaza de la Marina). Descuentos en entradas: hasta los 16 años, entrada gratis o reducida en los museos; carnet de estudiante, carnet joven, jubilados o desempleados, descuento o entrada gratis en algunos puntos de interés.

Cuándo ir

El buen clima es uno de los grandes atractivos de Málaga, especialmente en invierno, con una media de 11 °C. El verano, a excepción de los días que sopla el terral, no es demasiado caluroso gracias a la brisa marina.

La primavera *(marzo a mayo)* es la mejor época para programar una visita, aunque en Semana Santa las procesiones dificultan el tránsito por el centro. Tomar el sol en las playas, aún poco concurridas, o darse un baño es una gozada. Si se planea viajar en verano *(junio a agosto),* mejor al principio antes de las vacaciones escolares; aunque julio es también un buen mes para la visita, con una temperatura promedio de 28 ºC; en agosto sube a 30 ºC. El estío es el período más húmedo del año, hasta bochornoso. Septiembre y la primera quincena de octubre son buenos para actividades al aire libre. En octubre y noviembre puede llover, pero las temperaturas son agradables. Diciembre es el mes más lluvioso, con una media de 6,3 días de lluvia, y enero, el más frío, con una máxima promedio de 16 ºC y una mínima de 8 ºC; aunque también amanecen muchas jornadas soleadas.

Grandes eventos

Enero-febrero El **Festival de Teatro de Málaga** (p. 61) es el más madrugador, aunque tiene una prolongación para espectáculos de teatro clásico en mayo.

Marzo-abril La ciudad se convierte en una gran alfombra roja para dar paso a lo mejor del cine en español en el **Festival de Málaga** (p. 61). La belleza de las procesiones de **Semana Santa** (p. 62) es indiscutible, aunque en esta época es difícil moverse por el centro.

Mayo-agosto Los años impares se celebra la **Bienal de Flamenco de Málaga** (p. 100) en distintos escenarios de la ciudad.

Clima

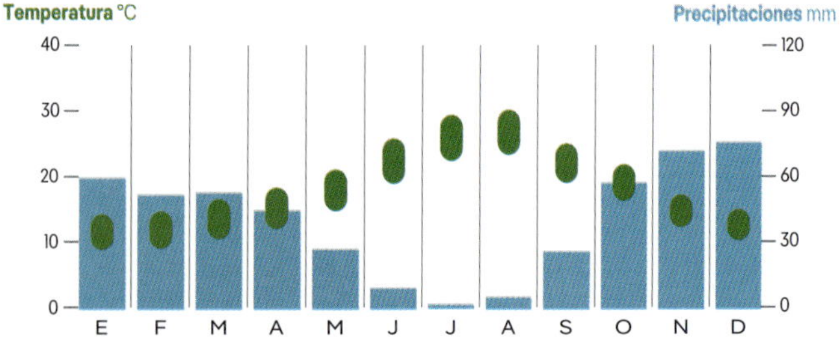

Junio El **Día Internacional del Orgullo** se celebra en Málaga el 28 de junio, y la gran fiesta de la comunidad LGTBIQ+ (p. 148) acontece en Torremolinos del 5 al 8, con muchas actuaciones. El teatro Cervantes programa el **Festival Terral** (p. 61), centrado en las músicas del mundo.

Junio El ritmo llega al Puerto de Málaga con el **Brisa Festival** (p. 61), una cita con las bandas españolas de *indie*, urbana, *rock* o pop.

Noviembre El teatro Cervantes organiza el **Festival Internacional de Jazz,** un encuentro que se prolonga con actuaciones gratuitas por toda la ciudad.

Citas divertidas y singulares

Junio Las playas se llenan de familias y grupos de amigos durante la noche del 23, la **Noche de San Juan,** dispuestos a saltar hogueras, darse un baño purificador en el mar o, al menos, lavarse la cara para dejar atrás las cosas negativas y desear que el próximo año les sea propicio. Es una fiesta tan popular que a veces cuesta encontrar unos metros de arena libres en las playas urbanas.

Julio La **virgen del Carmen,** patrona de los marineros, celebra su día el 16 y procesiona, a bordo de jábegas y escoltada por un buen número de embarcaciones, en tres barrios bañados por el mar: El Perchel, La Malagueta y Huelin.

Agosto El segundo viernes de agosto un castillo de fuegos artificiales anuncia el comienzo de la **Feria de Málaga** (p. 132), que ofrece una semana de diversión en el centro y en el recinto que se instala en el Cortijo de Torres.

Septiembre El 8 se festeja la **romería de la Virgen de la Victoria,** una de sus patronas.

Diciembre El día de los Santos Inocentes se celebra la **Fiesta Mayor de Verdiales,** una oportunidad única para conocer lo mejor de este folclore de los Montes de Málaga que tiene sus raíces en los cultos dionisíacos del solsticio de invierno. Cada Navidad las pandas se juntan a las órdenes de su alcalde, vara de mando en mano, y tras un abanderado tocan, cantan y bailan a partir de las 12.00 y durante todo el día en el recinto del parque Andrés Jiménez Díaz del Puerto de la Torre.

CONSEJOS SOBRE ALOJAMIENTO

Los precios de los alojamientos descienden considerablemente entre octubre y mayo, a excepción de las fechas de Navidad, Semana Santa y los puentes como el del 1 de mayo, Día Internacional del Trabajador, o el de la Constitución, en diciembre. El resto del año se considera temporada alta y en la semana de la Feria de Agosto los precios alcanzan sus máximos. Si se viaja en verano, se puede encontrar mejores tarifas los días laborables. Para ahorrar en hospedaje también se puede optar por zonas alejadas del centro como la Cruz de Humilladero o las inmediaciones del aeropuerto, al oeste de la ciudad.

Cómo llegar

Muchos visitantes llegan a través del aeropuerto de Málaga-Costa del Sol, 7 km al suroeste del centro de la ciudad, o de la estación de trenes Málaga-María Zambrano, ubicada en la Explanada de la Estación, uno de los principales accesos al centro.

Del aeropuerto al centro de la ciudad

En taxi

Los taxis tardan 20-30 min en llegar al centro y aplican un suplemento por servicio a/desde el aeropuerto de 5,50 € al que se añaden suplementos por maletas.

En autobús

La línea de autobús A de la EMT conecta el aeropuerto con el paseo del Parque (billete 4 €); también hay una parada del tren de cercanías C1 de Málaga: Aeropuerto.

El autobús Aeropuerto *(L-A; emtmalaga.es/es/linea-express-aeropuerto; 4 €; 6.25-0.35)* sale cada 20-35 min del paseo del Parque con destino al aeropuerto (45 min), aunque durante la noche la frecuencia es menor. Pasa por la Alameda Principal, la estación de autobuses y la avenida de Velázquez. Los billetes se sacan a bordo en metálico o en la taquilla de la terminal de llegadas del aeropuerto en metálico o con tarjeta bancaria.

En tren

La línea C1 del tren de cercanías (renfe.com) enlaza Málaga con los municipios costeros de Torremolinos, Benalmádena y Fuengirola a lo largo de 17 estaciones. Es muy práctico porque recorre 31 km en 46 min. Tiene paradas en el aeropuerto, la estación de trenes María Zambrano y finaliza en Málaga Centro-Alameda. Funciona de 5.20 a 23.30. El billete sencillo cuesta de 1,80 a 3,60 € y se puede adquirir en las taquillas de las estaciones y en las máquinas de autoservicio de Cercanías. El billete de ida y vuelta cuesta de 3,60 a 7,20 €. Actualmente existe un bono recurrente que permite viajes ilimitados durante un cuatrimestre siempre con el mismo trayecto. Para obtenerlo hay que depositar una fianza de 10 €, cantidad que se devuelve si el usuario realiza al menos 16 viajes. La línea C2 discurre 38 km por el interior de la provincia, tiene 9 estaciones y une Málaga con el pueblo de Álora, con paradas en Cártama y Pizarra.

Cómo desplazarse

Ya en la ciudad, lo ideal es caminar, aunque existe una amplia red de autobuses *(emtmalaga.es)*. El metro de Málaga *(metromalaga.es)* tiene dos líneas: L1 (roja), desde Andalucía Tech a Atarazanas, y L2 (azul), desde Palacio de los Deportes a Guadalmedina.

Autobús

La red de autobuses urbanos es muy completa y práctica: 46 líneas diurnas y 4 nocturnas que dan servicio al centro y alrededores. Los circulares C1 y C2 recorren el perímetro del centro; el C3 transita por el este en El Limonar; el C5 transita por el Puerto de la Torre; el C6 por el norte de la capital, y el C8 conecta Churriana con Cortijo Maza. Existe una **línea turística** *(city-sightseeing-spain.com)*, la de los buses rojos de doble piso, que recorre los principales lugares de interés de 9.40 a 18.30 y sus billetes son válidos durante 24 h.

Los **autobuses de EMT** *(emtmalaga.es)* circulan de 6.30 a 24.00, según la línea. A partir de las 23.00 operan cuatro líneas nocturnas (N1, N2, N3 y N4) hasta las 6.00 y la frecuencia varía de 20 a 80 min, según la franja horaria y si es laborable o fin de semana. La ruta N1 sale de Puerta Blanca y va hasta El Palo, de 23.00 a 6.00. El N2 es circular, opera de 0.15 a 6.00 y une la plaza de la Marina con el Compás de la Victoria y Ciudad Jardín. El N3, que circula de 0.30 a 2.45 *(vi, sa y vísperas de festivos)* parte del paseo del Parque y llega hasta Loma del Campo. El N4, que sale del paseo del Parque y termina en Puerto de la Torre, circula de 23.30 a 5.45. El billete sencillo cuesta 1,40 €, como el diurno, y se puede pagar en el autobús en metálico o con tarjeta bancaria.

DE ARRIBA A ABAJO: CAPTURING IMAGES/SHUTTERSTOCK ©, COSTASOLEANDO ©

COSTASOLEANDO

'APP' ESENCIAL

Existe una web muy práctica para elegir playa *(costasoleando.es)*, también disponible en *app*. Ofrece información sobre el estado de las playas, meteorología, servicios y accesibilidad.

Metro

Metro de Málaga *(metromalaga.es)* gestiona dos líneas que suman 13,6 km y 21 estaciones con intervalos de paso de 6 a 15 min. La L1 tiene 13 estaciones y va de Andalucía Tech a Atarazanas; la L2, Palacio de los Deportes-Guadalmedina, tiene 8 estaciones. Guadalmedina y Atarazanas son las estaciones más cercanas al centro, es decir, a la calle Marqués de Larios.

El metro funciona de 6.30 a 23.00 de lunes a jueves, de 6.30 a 1.30 los viernes y vísperas de festivos, de 7.00 a 1.30 los sábados y de 7.00 a 23.00 los domingos y festivos.

En bicicleta, patinete y motocicleta

Bike Tours Málaga *(biketoursmalaga.com; alquiler 15 €/día, 10 €/4 h)* ofrece también paseos guiados en bicicleta para descubrir los monumentos, las vistas de la ciudad o una ruta gastronómica y cultural, todo sobre dos ruedas. Otras empresas del sector son **Ebike Málaga** *(ebikemalaga.es; alquiler de bicis eléctricas desde 30 €/día y paseos guiados)*, **Prima Rent-A-Car & Bike** (*rentacarprima.com;* bicis, motos, *segways*, patinetes...) o **Málaga Rental** *(malagarental.com)* que alquila escúteres desde 20 €/día. Estos servicios son solo para mayores de 18 años y con permiso de conducir.

El Ayuntamiento de Málaga prohibió en marzo del 2025 la circulación de los patinetes eléctricos de alquiler en la ciudad y revocó las licencias a las empresas que los alquilaban.

Taxi

Hay paradas en los principales puntos de la ciudad y también se pueden parar por la calle.

Información práctica

Billetes de metro y autobús

El billete sencillo de autobús cuesta 1,40 €. Existe una tarjeta trasbordo que sirve para varias personas siempre que viajen juntas, 10 viajes cuestan 4,20 € y se pueden recargar hasta 30 viajes; permite hacer trasbordos gratuitos durante una hora.

Un billete de metro admite cargar de 1 a 9 viajes, el soporte cuesta 0,30 € y cada viaje 1,35 €. Es recargable y puede ser usado por varios usuarios siempre que viajen juntos.

La tarjeta monedero Metro de Málaga tiene un límite de carga de 25 € y un mínimo de 5 €, el soporte cuesta 0,30 € y cada viaje sale a 0,41 € (tarifa vigente hasta 30 jun 2025). También es recargable y la pueden utilizar varios usuarios siempre que viajen juntos.

La tarjeta monedero del Consorcio de Transportes de Málaga

es un título monedero recargable desde un mínimo de 5 € y se vende en quioscos, estancos o en las máquinas expendedoras del Metro. Es válida para metro y autobuses y puede ser usada por varios viajeros. Un viaje cuesta 0,41 € (tarifa vigente hasta 30 jun 2025).

Tarifas de taxi

Los taxis tienen precios razonables, con el taxímetro a la vista y la posibilidad de pagar en metálico o con tarjeta bancaria; p. ej., la carrera desde la estación de trenes María Zambrano a la plaza de la Merced cuesta 7-8,50 €.

Se pueden solicitar por teléfono *(952 333 333, 952 040 404)* o pararlos en la calle. La bajada de bandera con la tarifa 1 *(6.00-22.00 lu-vi)* es de 1,71 € y la carrera mínima de 4,20 €; con tarifa 2 *(22.00-6.00 lu-vi y 24 h sa, do, fest, Semana Santa y Feria)*, de 2,10 y 5,19 € respectivamente.

'Apps' útiles

La *app* del Consorcio de Transporte Metropolitano del Área de Málaga *(ctmam.es)* reúne información de los autobuses, el metro, el tren de cercanías, los aparcamientos para bicicletas y los puntos de venta de los billetes. En la web *(emtmalaga.es)* de la Empresa Malagueña de Transportes (EMT) se puede descargar su *app* con el recorrido y horario de los autobuses. En el Área de Movilidad *(movilidad.malaga.eu/es/modos-de-movilidad/movilidad-en-bicicleta)* se puede consultar un plano de las vías ciclistas; hasta el momento los carriles bici suman 44 km, aunque el municipio trabaja para ampliar la red.

PRECIOS

Billetes sencillos de metro y autobús
1,35 € y 1,40 €

Alquiler de bicicletas
10 €/4 h

CTMAM

EMT Málaga

Carriles bici

Otra cara de Málaga

Cabalgatas históricas, una virgen sumergida en la bahía que sale una vez al año, bares con música en directo para alargar la noche y algunas palabras para codearse con los malagueños.

Vocabulario autóctono

El malagueño es dicharachero y le gusta emplear palabras propias, aunque algunas las comparte con otras provincias andaluzas. He aquí una pequeña muestra:

Apañao: bueno, práctico.

Boquerón: malagueño.

Chalao, majarón: loco.

Chavea: chico joven.

Chorrarse: resbalarse.

Chuchurrío: estropeado, marchito, ajado.

Churrete: mancha, restos de suciedad en la cara.

Esmayao: estar muerto de hambre.

Guarnío: muy cansado.

Guayabo: mujer u hombre joven atractivos.

Merdellón: hortera, vulgar, ordinario.

Rebalaje: inclinación de la orilla del mar que se forma al romper las olas.

Pechá: mucho.

Petao: atiborrado, lleno de gente.

Piña: golpe, porrazo, accidente automovilístico.

Perita: bueno, bien.

La Virgen que emerge de las aguas

Si la visita coincide con el 19 de julio merece la pena ver emerger del fondo del mar a la virgen del Carmen desde el espigón de la Virgen, en el paseo marítimo Pablo Ruiz Picasso. La Asociación Nuestra Señora del Carmen Patrona de los Submarinistas Malagueños *(virgendelcarmensub.com)* sumergió por primera vez una imagen de marmolina de su patrona en 1981 en la playa de La Malagueta, en el Roqueo del Perro, donde la escultura pasa todo el año dentro de su hornacina de hormigón a 10 m de profundidad. Desde entonces, cada año los submarinistas bajan por la virgen el día del Carmen, la llevan en barco por las playas de La Malagueta y en el centro de la bahía se encuentra con la virgen del Carmen del Perchel, otro barrio marinero. Tras una ofrenda floral, los buzos la acompañan a la orilla y la colocan en un altar hasta el atardecer, cuando regresa al fondo marino. Todo un espectáculo.

De paseo con los Reyes Católicos

El 19 de agosto de 1487 los Reyes Católicos tomaron Málaga y la incorporaron a la corona de Castilla, por eso la Feria se celebra en el mes más caluroso del año. Desde el 2012, la Asociación Cultural Zegrí *(952 202 692, 9.00-13.00 lu-vi)* conmemora la toma con una cabalgata histórica en la que participan unas 250 personas y que recrea la rendición de los musulmanes, tras casi ocho siglos en Málaga. La recreación se hace el viernes antes del comienzo de la Feria y coincide con la noche de los fuegos artificiales. Las tropas cristianas salen a las 19.00 de la basílica de la Victoria o de la plaza de la Merced, y se dirigen a la plaza de la Aduana, donde sus católicas majestades reciben de las tropas musulmanas las llaves de la ciudad y la espada de la rendición. Una vez depuestas las armas, comienza la cabalgata por las calles del centro histórico que, tres horas más tarde, regresa a la misma plaza.

Bares con música en directo

Quedan pocos, pero se han convertido en refugio para amantes del ritmo que huyen de las multitudes: son los bares con música en directo que aún sobreviven en el centro de la ciudad. El veterano es el **ZZ Pub** *(zzpub.es),* que comenzó en 1991 en Torremolinos y en 1994 se mudó a Málaga, a la calle Tejón y Rodríguez 6, así que lleva más de 30 años ofreciendo conciertos diarios de *rock,* soul, *funk, indie* y *blues.* En **La Polivalente** *(lapolivalente.com)* el arco se abre y además de conciertos, de *jazz,* soul, *bossa nova*..., programan teatro improvisado, exposiciones y tienen tapas y platos para compartir. Si gustan las *jam sessions,* el mejor lugar es **Road House,** en la calle Álamos 45; lugar de encuentro para melómanos desde 1992. Otra opción, para los amantes del pop, es **El Antojo** *(antojomalaga.es)* un espacio nuevo ubicado en el Soho y más amplio que los anteriores que incluye una tasca, con sabor de taberna andaluza, y programa conciertos gratuitos.

Acueducto de San Telmo

José Martín de Aldehuela, el mismo ingeniero que después construyó el impresionante Puente Nuevo de Ronda, es el autor del acueducto de San Telmo (está al lado del IES Martín de Aldehuela, c. Llobregat 14, Ciudad Jardín), un proyecto de 1782 gracias al cual el agua del río Guadalmedina llegó a la ciudad. La gran obra, con casi 11 km de longitud, fue un encargo del obispo José Molina Larios y sirvió no solo para abastecer a la ciudad, sino también para regar las huertas y mover las norias de los molinos harineros. En Ciudad Jardín puede admirarse uno de los tramos más monumentales: el puente de arroyo Humaina, una construcción en ladrillo de 75 m de longitud y 15 m de altura con cuatro arcos de medio punto que ha sido declarada Bien de Interés Cultural (BIC). Se pueden recorrer a pie 7 km de esta gran obra y admirar hitos como la fuente de la calle Reding o la alcubilla de la calle Refino, el depósito de agua donde finalizaba el acueducto.

Explora Málaga

Merece la pena

Circuitos a pie

Málaga al atardecer.
JUAN_SANCHEZ/SHUTTERSTOCK ©

Sugerencias de lugares para comer, beber y comprar en **p. 66**

Explora Centro

La Ciudad del Paraíso, como la bautizó Vicente Aleixandre en sus versos, “colgada del imponente monte, apenas detenida / en tu vertical caída a las ondas azules”, se abre ante el visitante como un libro de historia. En apenas unos metros conviven el teatro romano, la Alcazaba andalusí, el Museo de Málaga, en un imponente edificio del s. XIX, y el Museo Picasso.

Adentrarse en el centro sin rumbo fijo es un estupendo ejercicio incluso para el visitante primerizo. Es como visitar a un viejo amigo, alguien con el que estás seguro que vas a pasar un buen rato, pero no tienes ni idea de lo que te vas a encontrar. Dejarse seducir por sus rincones, vagabundear sin el mapa en la mano, es ideal para enamorarse de esta ciudad.

Cómo desplazarse

Metro

Línea 1 hasta la parada Atarazanas y después un paseo de 300 m hasta la calle Marqués de Larios.

Autobús

C1, 1, 2, 3, 4, 5, 6, 7, 8, 11, 14, 19, 20, 25, 32, 33, 34, 35, 36 y 37.

A pie

La mejor manera de acercarse al corazón de Málaga es a pie. Desde la Alameda Principal, el monumento al marqués de Larios marca el inicio de su gran arteria decimonónica: la calle Larios, que lleva el nombre del impulsor de la Revolución Industrial en la ciudad.

Catedral de Málaga (p. 42).
ROMANSLAVIK.COM/SHUTTERSTOCK ©

LO MEJOR

ACERCARSE A UN GENIO
Museo Picasso (p. 46)

VISITA SINGULAR
Paseo por la catedral para conocer su azarosa historia (p. 42)

PASADO MUSULMÁN
La Alcazaba (p. 58)

TRANQUILIDAD
Jardín botánico La Concepción (p. 62)

★ IMPRESCINDIBLE

Catedral

El templo comenzó a construirse sobre la mezquita aljama seis meses después de la toma de Málaga por los Reyes Católicos en 1487. A medio camino entre el gótico y el Renacimiento, la catedral fue consagrada, inacabada, en 1588. Las obras se retomaron en el s. XVIII, pero jamás se concluyeron.

PLANO: P. 56 **C6**

CONSEJO
La entrada a la catedral incluye la visita a un pequeño museo. Conviene informarse sobre los conciertos que se ofrecen con sus dos órganos barrocos, obra de Julián de la Orden.

Escanea este código QR para precios, horarios y demás.

Sagrario, el primer símbolo

Durante la entrada triunfal de los Reyes Católicos en Málaga, el 19 de agosto de 1487, la comitiva atravesó la calle Real (hoy Granada) hasta la mezquita Mayor, donde se ofició una misa presidida por una imagen gótica de una virgen donada por los propios monarcas, la misma que aún preside la capilla de la Virgen de los Reyes, flanqueada por Isabel y Fernando orantes, esculpidos por Pedro de Mena. La primera modificación del edificio musulmán fue la construcción en 1490 de una portada gótica simbólica en el muro de la mezquita, llamada del Perdón, desde la que se envía el mensaje a los nuevos pobladores de que la Reconquista se basa en la necesidad de restaurar la fe católica. Esa primera y bella portada gótico-flamígera, dedicada a exaltar el misterio de la Encarnación, se mantuvo cuando en el s. XVIII se decidió construir en el antiguo patio de los naranjos la iglesia del Sagrario. Este templo anexo (actualmente cerrado por obras) cuenta con un magnífico altar mayor del Maestro de Becerril, que se instaló aquí procedente de Palencia en 1945; es el mejor ejemplo renacentista del conjunto.

Concurso de planos

Los primeros planos para levantar la catedral de Málaga los realiza en 1528 el maestro mayor de los Reyes Católicos, Enrique Egas, autor del Hospital

LUX BLUE/SHUTTERSTOCK ©

Real de Granada. Egas dibuja una planta gótica, en la que también interviene Diego de Siloé, quien cambia el trazado y deja a cargo de la obra al maestro de cantería Diego de Vergara. Los cambios de obispo implican durante todo el proceso un replanteamiento del proyecto y el nuevo titular de la sede, fray Bernardo Manrique, en 1549 le pide una maqueta al reputado arquitecto Andrés de Vandelvira. Vergara, conocedor del encargo que nadie le ha propuesto a él, presenta su proyecto ante el cabildo con tanto éxito que la curia intenta anular el encargo a Vandelvira, pero la maqueta ya estaba en proceso. Entonces el obispo pide al prestigioso arquitecto Hernán Ruiz II que dictamine cuál es el mejor. Según Rosario Camacho, catedrática de Historia del Arte y autora, entre otros, del libro *Málaga Barroca. Arquitectura religiosa de los siglos XVII y XVIII,* la opción fue tomar soluciones de ambas propuestas, como mantener la altura gótica, sin variaciones en las naves, lo que resulta más intere-

DESDE LAS ALTURAS
Las cubiertas del templo pueden recorrerse en visitas guiadas con reserva previa, aunque actualmente se han interrumpido por obras hasta el 2027. Se accede por una estrecha escalera de caracol de unos 200 peldaños.

ESQUIVAR A LAS MULTITUDES
Se aconseja que la visita no coincida con las grandes celebraciones religiosas: Semana Santa, Corpus Christi y Virgen de la Victoria.

UNA PAUSA
El **Restaurante y Cafetería El Jardín** *(eljardinmalaga.com; 9.00-16.00 y 19.00-24.00 lu-sa, 10.00-16.00 do)* ocupa un bonito edificio de 1887 junto al jardín de la catedral, de forma que su terraza es una continuación del histórico espacio verde.

sante para la entrada de luz natural. Vergara quedó al frente de esta nueva fase de la obra que terminó en 1588 por falta de fondos y la imposición del obispo Luis García de Haro.

Derribo del muro

La cabecera de la catedral se consagra en 1588 (hasta entonces la iglesia de Santiago había hecho las veces de catedral) y comienza a funcionar con la portada norte como acceso principal; pero en 1719 el informe de un ingeniero advierte de que el templo corre peligro de derrumbe si no se retoma la obra. El cabildo convence al rey para que ceda a la Iglesia parte de los impuestos de los productos locales más importantes (aceite de oliva, pasas y vino) que pasan por el puerto de Málaga, para sufragar las obras de las que se encargan José de Bada y Antonio Ramos, quienes comienzan a trabajar desde la fachada hasta el encuentro con el muro del s. XVI. En 1782 la Corona cierra el grifo y la torre sur queda sin completar, motivo por el que, cariñosamente, los malagueños la llaman "La Manquita".

Coro, la gran obra de Pedro de Mena

Uno de los conjuntos más sobresalientes del templo es el coro (foto p. 43), sillería tallada en maderas de cedro y caoba en tres niveles, donde pueden admirarse 40 tallas del gran escultor granadino Pedro de Mena, que se estableció en Málaga en 1658, precisamente para ejecutar la sillería alta del coro, pero que se quedó en la ciudad hasta su muerte en 1688. El maestro del barroco terminó el conjunto, en el que antes habían trabajado otros dos escultores, con imágenes de santos que destacan por su naturalidad y realismo.

Capilla de Santa Bárbara

En el crucero, en la capilla de Santa Bárbara, se conserva el retablo más antiguo del templo, que ha llegado hasta hoy gracias a que fue tabicado en 1937, al igual que la capilla de la Encarnación, cuando el templo sirvió de refugio en plena Guerra Civil y se destruyeron muchas de sus obras de arte. El retablo es un bello conjunto gótico de 1524 del maestro francés Nicolás Tiller y el pintor Francisco de Ledesma, y el único que queda del período en el que la mezquita consagrada se usaba como templo cristiano. La santa Bárbara del retablo es de 1765, obra de Fernando Ortiz que sustituye a la original. Además, pueden verse dos altares del pintor barroco malagueño Juan Niño de Guevara, discípulo de Alonso Cano.

Tumbas ilustres

En la capilla de la Encarnación, la principal, descansa el obispo José Molina Lario, quien en el s. XVIII encargó para su capilla sepulcral un gran retablo de mármol de Génova con el tema de la Anunciación; fue diseñado por Ventura Rodríguez. De la primitiva capilla sobrevive el sepulcro del obispo Manrique. Destaca también, en la capilla de San Francisco, el bronce del monumento funerario del obispo de Salerno Luis I de Torres realizado por Guglielmo della Porta, un discípulo de Miguel Ángel que trabajaba en el Vaticano en el s. XVI. Es una de las perlas del templo, aunque su primer destinatario era otro obispo español.

Alonso Cano

El polifacético Alonso Cano, pintor, escultor, entallador y arquitecto, es el autor del gran lienzo *Virgen del Rosario,* que da nombre a la capilla, una de las obras más importantes de la catedral, que pintó cuando fue racionero de la misma entre 1664 y 1666. Otra obra clave es el *Cristo de la Victoria,* de Alonso de Mena, que da nombre a la capilla en la que se exhibe junto a una de las mejores imágenes de la Dolorosa de las muchas que realizó su hijo Pedro de Mena. También este último es autor del *Cristo crucificado* de la capilla de San Sebastián.

SIN TRAZAS DE LA MEZQUITA

El templo mantuvo su estructura islámica desde la entrada de los Reyes Católicos en 1487 hasta 1494, con su sala de oración de 113 columnas. Sin embargo, a diferencia de otras seos de Andalucía y el Levante, la catedral de Málaga no incorporó elementos de la mezquita a la nueva obra, que se prolongó desde el s. XVI al XVIII. De la primitiva mezquita solo quedan a la vista algunos sillares en el muro del sagrario.

★ IMPRESCINDIBLE

Museo Picasso Málaga

Con la apertura del Museo Picasso Málaga (MPM) en el 2003, Andalucía dio un paso de gigante en el mundo del arte contemporáneo. El MPM no solo permite conocer la obra del que está considerado el mejor artista del s. xx, sino que se complementa con un ambicioso programa de exposiciones temporales. El museo cuenta además con un auditorio *(952 127 600; c. San Agustín 8)* que acoge ciclos de conciertos, proyecciones y congresos. Véase la programación en su web.

PLANO: P. 56 **D5**

UNA VISITA AUTOGUIADA
La entrada incluye una audioguía en 14 idiomas que se escucha directamente desde el móvil sin necesidad de descargarla (hay que llevar auriculares).

Escanea este código QR para horarios, precios y demás.

Génesis

Aunque Pablo Ruiz Picasso, que nació en la plaza de la Merced el 25 de octubre de 1881, siempre quiso que parte de su obra pudiera verse en su ciudad, en la que vivió hasta que su familia se mudó a A Coruña en 1891, el gran creador murió el 8 de abril de 1973 en Mougins (Francia) sin ver cumplido su deseo. El artista comenzó a soñar con la idea en 1953, cuando mantuvo una serie de contactos con Juan Temboury Álvarez, entonces delegado de Bellas Artes de Málaga, pero la empresa no llegó a buen puerto. Medio siglo después, la viuda de su primogénito Paul, Christine Ruiz-Picasso, y el hijo de ambos, Bernard, hicieron realidad aquel sueño con la inauguración del Museo Picasso Málaga en el 2003. El proyecto nació más de una década antes, en 1992, cuando Carmen Giménez comisarió *Picasso clásico* en el palacio Episcopal de Málaga, a la que siguió *Picasso primera mirada,* en 1994. Estas dos importantes muestras del autor de *Las señoritas de Aviñón* en su ciudad fueron el germen de lo que hoy se ha convertido en el mayor reclamo artístico de Málaga, un proyecto largamente añorado que se hizo realidad gracias al trabajo de inter-

MUSEO PICASSO MÁLAGA ©

mediación de Giménez entre la familia del artista y la Junta de Andalucía, promotora del museo.

La colección

El MPM cuenta con 233 obras donadas por la nuera y el nieto del pintor, a las que se suman distintas piezas procedentes de la Fundación Almine y Bernard Ruiz-Picasso para el Arte (FABA) en función de las necesidades de los distintos discursos expositivos. Actualmente, y hasta marzo del 2027, el museo presenta la muestra *Pablo Picasso: estructuras de la invención. La unidad de una obra*, comisariada por el historiador del arte Michael FitzGerald. Este nuevo acercamiento a la obra del genio malagueño reúne 144 obras realizadas a lo largo de ocho décadas, representativas de la audacia del creador para experimentar con nuevos estilos y materiales. Son dibujos, esculturas, cerámicas y obras gráficas que ilustran la versátil y amplia trayectoria del artista desde sus años de formación.

UNA PAUSA
El Café MPM es perfecto para hacer una pausa. Ubicado en el jardín del palacio entre naranjos, cipreses y buganvillas, es un rincón tranquilo para tomar un bocado ligero. Tiene también una entrada independiente desde la plaza de la Higuera.

Paseo por el arte del siglo XX

La colección permite acercarse a la amplia trayectoria del genio malagueño desde sus primeras obras, como *Lola con muñeca* (1896), un retrato de su hermana que realizó durante sus años de formación en Barcelona, que corrobora lo que Picasso escribió en una carta: "No he hecho nunca dibujos de niño. Jamás. Ni siquiera cuando era muy pequeño". También puede apreciarse su profundo conocimiento del arte del Siglo de Oro español en obras como los carboncillos *Maternidad* (1923) o *Las tres gracias* (1923), una vuelta al clasicismo; así como la violencia de la Guerra Civil, personificada en el minotauro que protagoniza muchas de sus creaciones de la década de 1930; o su interés por el retrato en lienzos como *Jacqueline sentada* (1954).

Línea de vida

Con la nueva propuesta expositiva, el museo ha estrenado también una línea de vida de Pablo Ruiz Picasso que contextualiza las 144 obras expuestas a través de un recorrido biográfico, artístico e histórico. Un conjunto de fotografías, reproducciones de obras y detalles de las ciudades en las que vivió que acercan al espectador al universo picassiano.

UN VERSÁTIL PALACIO

El palacio de Buenavista, con elementos renacentistas y mudéjares, se levantó en el s. XVI sobre los restos de un palacio nazarí. El edificio tuvo uso residencial hasta el s. XIX, cuando se transformó en casa de vecinos. Después fue escuela, carpintería e, incluso, hospital; hasta que en 1961 acogió el Museo Provincial de Bellas Artes y en 1997 lo compró la Junta de Andalucía para hacer realidad el sueño de Picasso.

Palacio de Buenavista

El contenedor del MPM es uno de los mejores edificios civiles de la ciudad y fue erigido por Diego de Cazalla, uno de los caballeros que participó en la conquista de Málaga junto a los Reyes Católicos en 1487. En pleno centro histórico, sus 8300 m² incluyen también una biblioteca especializada en arte contemporáneo, talleres educativos, un auditorio, una tienda y una librería. Tras su rehabilitación, ejecutada por el arquitecto estadounidense Richard Gluckman, junto a los españoles Isabel Cámara y Rafael Martín Delgado, el lugar ha incorporado los restos de las construcciones que le precedieron. En el subsuelo, también visitable, pueden verse vestigios fenicios de los ss. VII y VI a.C. (una vivienda, lienzos de muralla y el arranque de una torre), piletas romanas de salazones de pescado o las tinajas embutidas del sótano del palacio de Buenavista del s. XVI.

DE COMPRAS

La Librería MPM incluye una amplia selección de libros de arte y publicaciones propias del Museo. Además, hay una tienda con artículos de papelería, complementos, carteles y catálogos de las exposiciones *(tienda.museopicassomalaga.org)*.

★ IMPRESCINDIBLE

Museo de Málaga

El neoclásico palacio de la Aduana, construido entre 1791 y 1829 por el arquitecto Manuel Martín Rodríguez e inspirado en el de la Aduana madrileña de Sabatini, tuvo distintos usos administrativos hasta que se cerró en el 2008. Tras un largo período de obras reabrió en el 2016 como Museo de Málaga. La institución reúne las colecciones de los museos provinciales de Bellas Artes (creado en 1913) y Arqueológico, que nació en 1945.

PLANO: P. 56 **D6**

CONSEJO
Los fines de semana hay visitas guiadas que se centran en distintos aspectos de la colección de arte o arqueológica. Son gratis; basta con inscribirse en el mostrador de entrada del museo.

Escanea este código QR para horarios, precios y demás.

El Neolítico en Alozaina

La 2ª planta del museo, dedicada a la arqueología, comienza con una espectacular selección de la colección privada de los marqueses de la Casa Loring, creada por Amalia Heredia, quien en 1859 puso en marcha la colección loringiana en su finca de La Concepción (p. 62), un referente en la España decimonónica. Impresionan las tres matronas romanas sedentes del s. II, unas tallas de mármol halladas en el cercano pueblo de Cártama. Tras el homenaje al que fue el origen del museo, comienza un recorrido cronológico local desde la prehistoria, con piezas halladas en cuevas, como las vasijas de cerámica neolíticas de las Tres Tinajas, en Alozaina; sigue con los complejos megalíticos, contextualizando enclaves tan importantes como los dólmenes de Antequera; y se detiene en cada una de las culturas que se asentaron en la zona: fenicios, romanos, visigodos y musulmanes.

Tumba del Guerrero

El Museo Provincial Arqueológico, cuya última ubicación fue la Alcazaba, cerró en 1997, pero durante las dos décadas que estuvo empaquetado la colección no dejó de aumentar con nuevos hallazgos, como esta tumba, una sorprendente cámara

ELROCE/SHUTTERSTOCK ©

mortuoria del s. IV a.C. descubierta en el 2012 durante una obra extramuros de la Malaka fenicia. En la tumba, que se conservaba intacta, se encontraron los restos de un hombre de mediana edad y el ajuar de un soldado griego en el que destaca un magnífico casco corintio. Llegados a este punto hay dos hipótesis: o se trata de un mercenario heleno enterrado con su propio equipamiento o de un fenicio pudiente que quiso descansar junto a un ajuar griego.

Pinceladas anteriores al siglo XIX

El plato fuerte del Museo de Bellas Artes de Málaga es la pintura del s. XIX, si bien cuenta con unas pocas aunque importantes obras anteriores, incluidas dos tablas de Luis de Morales (un Eccehomo y una Dolorosa del s. XVI), una talla policromada de Pedro de Mena y una Dolorosa de finales del s. XVII,

UNA PAUSA LOCAL E INNOVADORA

La carta de la **Cafetería y Restaurante EME de Mariano** da una vuelta de tuerca a la cocina malagueña de siempre. En la carta hay tapas y raciones. Suele estar muy concurrido *(952 274 655; almuerzo y cena lu-do).*

A ORILLAS DEL MAR
El edificio, un magnífico ejemplo de arquitectura neoclasicista, obra de un discípulo de Ventura Rodríguez, se terminó de construir en el primer tercio del s. XIX a orillas del mar, tanto que las olas lamían sus cimientos. Ubicado junto a las atarazanas, en él se registraban las mercancías que llegaban por barco y se cobraban los aranceles, ya que la ciudad aún no había ganado al mar el terreno sobre el que más tarde se construyó el parque y se remodeló el puerto.

además de pinturas de los círculos de José de Ribera, Zurbarán, Murillo o Valdés Leal. La institución renunció desde sus inicios a exponer el arte religioso heredado de las desamortizaciones para apostar por el arte de su tiempo.

Antonio Muñoz Degraín

El pintor valenciano era ya reconocido en 1870 cuando su paisano y colega Bernardo Ferrándiz le pidió su colaboración en los paisajes de la obra *Alegoría de la ciudad de Málaga* que estaba realizando para el techo del teatro Cervantes (p. 64). Muñoz Degraín ejerció como profesor en la Escuela de Bellas Artes de San Telmo, donde también daba clases José Ruiz y Blasco, padre de Picasso, y en la que el autor del *Guernica* fue uno de sus alumnos más jóvenes. En 1916 Degraín realizó una importante donación al recién creado Museo de Bellas Artes: 22 obras suyas y 16 de otros artistas como Ramón Casas, Joaquín Sorolla o el pastel *El viejo de la manta* (1895), de un adolescente Pablo Ruiz Picasso, que con solo 14 años le envió dedicado a su maestro desde A Coruña. El protagonista era el padre de Picasso con un buen resfriado. *Ecos de Roncesvalles* (1890), es la obra con la que Degraín se adentra en el paisajismo romántico, su etapa más personal.

José Moreno Carbonero

Carbonero empezó a pintar a los 12 años y llegó a ser el artista más reconocido de la escuela malagueña del s. XIX. Entre sus lienzos historicistas, impregnados del orientalismo de Mariano Fortuny, destaca *La meta sudante (Los gladiadores),* un lienzo academicista de gran formato (296 x 300 cm) de 1882. De la misma época son también tres de las obras más conocidas del museo: *¡Y tenía corazón!,* del valenciano Enrique Simonet (1890), pintura de un realismo sobrecogedor en la que un forense practica la autopsia a una joven; *La bendición de los campos* (1887), de Salvador Viniegra, óleo costumbrista que obtuvo la Medalla de la Exposición Nacional de Bellas Artes; y *Una esclava en venta* (1892-1902), del sevillano José Jiménez Aranda, un romántico famoso por su capacidad para plasmar escenas del natural. Esta pintura, que destila sensualidad y exotismo, muestra a una esclava desnuda sentada en el suelo y rodeada de los pies de sus posibles compradores.

Generación de los 50

Las obras de José Moreno Villa, polifacético escritor y pintor miembro de la Generación del 27, y de Joaquín Peinado, destacado miembro de la Escuela Española de París, dan paso a los ejemplos de la Generación de los 50, incluidas obras de Manuel Barbadillo, Enrique Brinkmann, Francisco Peinado o Eugenio Chicano, quien desde el 2021 da nombre a la sala de exposiciones temporales del museo.

HUSMEAR EN EL ALMACÉN

Vale la pena echar un vistazo al almacén, abierto al público en la planta baja, un espacio ecléctico que recuerda las colecciones decimonónicas. Además, la sala 18, en la 1ª planta, narra la azarosa historia del palacio de la Aduana.

CIRCUITO A PIE

Recorrido por el paisaje urbano

La almendra de la ciudad medieval, con sus estrechas y serpenteantes calles, fue seccionada en los ss. XVIII y XIX por grandes vías perpendiculares al mar que modernizaron el centro, dibujando una especie de 'peine ilustrado' a partir del eje costero verde que forman la Alameda y el Parque. Román Fernández-Baca, arquitecto malagueño y fundador del Instituto Andaluz del Patrimonio Histórico (IAPH), propone este paseo urbano.

INICIO	FINAL	DURACIÓN
Calle Marqués de Larios 18	Plaza del Obispo	1 km; 30 min-1 h

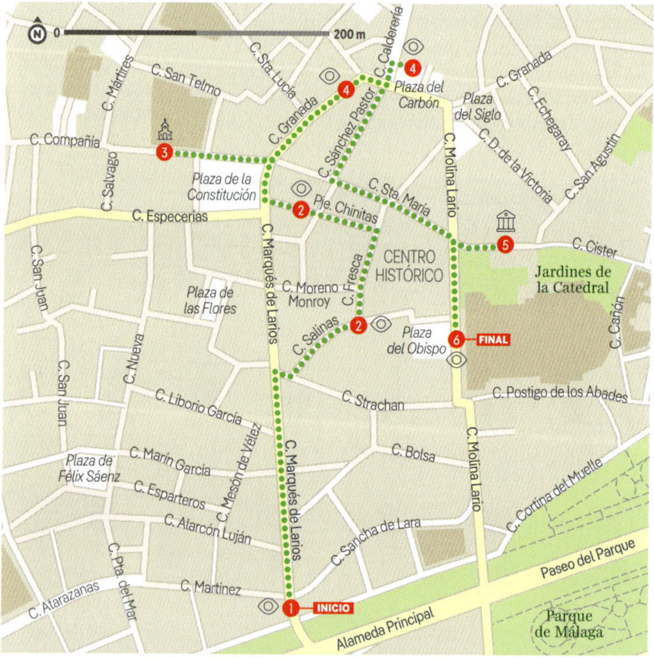

1 El gran salón de la ciudad

Eduardo Strachan levantó entre 1880 y 1891 todo el caserío de la **calle Larios,** una serie de edificios diferentes pero que se pliegan a los intereses compositivos del conjunto. El resultado es una especie de gran salón flanqueado por construcciones de elegantes esquinas redondeadas y balcones acristalados corridos.

2 Ecos del Café de Chinitas

Subiendo por Larios puede admirarse el **palacio Salinas** *(c. Salinas 6),* el edificio doméstico más antiguo de la ciudad; conserva su patio porticado del s. XVI y su torre-mirador. Al final de la calle se alza el **pasaje de Chinitas,** con la portada de la iglesia del convento de las Agustinas, pieza integrada en 1745 en una soberbia fachada de balcones corridos abierta a un pasaje en cuya plazoleta se ubicaba el legendario Café de Chinitas.

3 Los primeros trazos de Picasso

La siguiente parada es la **iglesia del Santo Cristo de la Salud** (p. 83), en calle Compañía 4, un templo de planta circular del s. XVII, con un colegio anexo que en el s. XVIII se convirtió, en parte, en la Escuela de Artes y Oficios San Telmo (hoy Ateneo de Málaga), donde Picasso comenzó a pintar en la clase que impartía su padre.

4 De corte racionalista

Calle Granada, una de las principales vías de la Málaga musulmana, atesora también ejemplos de arquitectura moderna. En el número 16, Enrique Atencia creó (1950-1952) una fachada de corte racionalista que mezcla vidrio y elementos horizontales. En el 23 esquina con Calderería se alza un edificio de José González Edo (1940-1943), inmueble racionalista que combinó viviendas y la sede del desaparecido cine Actualidades.

5 El neogótico y sus ladrillos vistos

Pero en el s. XIX no todo se inspiraba en el modelo parisino de Haussmann, como puede comprobarse ante la imponente construcción neogótica del **Hospital de Santo Tomás** *(c. Santa María 31),* frente al **sagrario de la catedral** (p. 42). El hospital fue levantado por Juan Nepomuceno Bermúdez de Ávila (1888-1891) para sustituir al edificio gótico-mudéjar que se derrumbó tras el terremoto de 1888.

6 Una plaza con dos escenarios

El paseo termina en la plaza del Obispo, donde las majestuosas fachadas barrocas de la **catedral** (p. 42) y del **Palacio Episcopal** (p. 60) eclipsan al resto de las edificaciones. Sin embargo, este rincón conserva dos edificios del s. XIX rehabilitados en el s. XX que han permitido mantener el equilibrio y hacer de esta plaza un espacio a la vez impactante y acogedor.

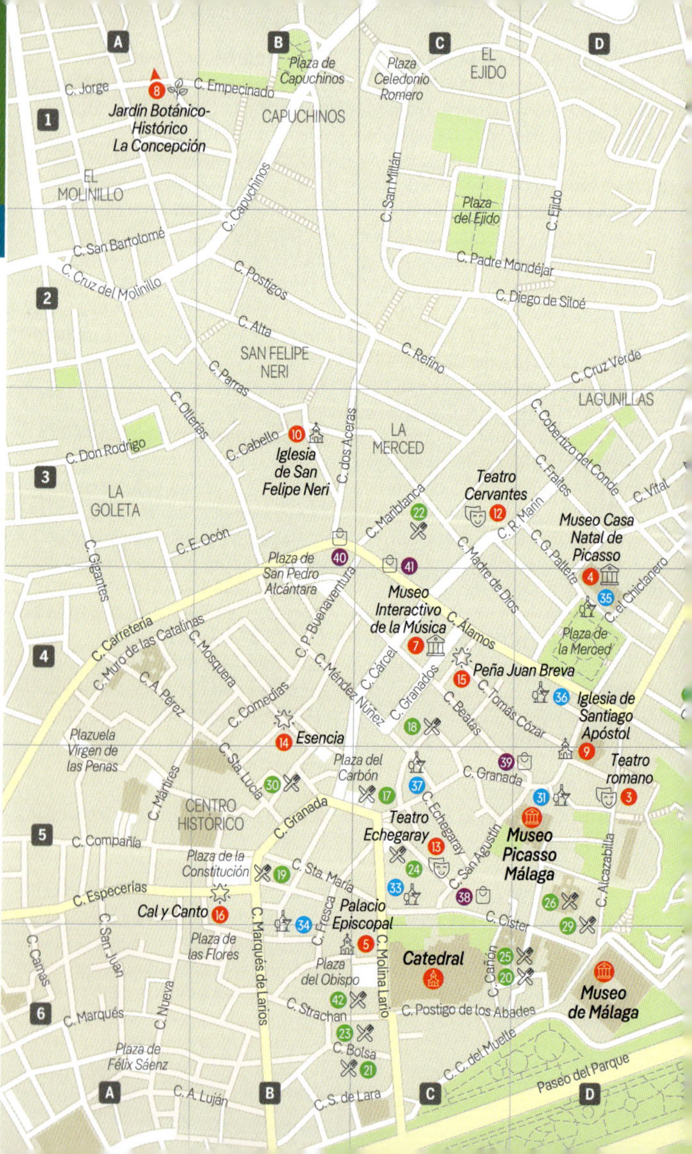
A
B
C
D
1
2
3
4
5
6
Plaza de Capuchinos
Plaza Celedonio Romero
EL EJIDO
C. Jorge
8
Jardín Botánico-Histórico La Concepción
C. Empecinado
CAPUCHINOS
EL MOLINILLO
C. Capuchinos
C. San Millán
Plaza del Ejido
C. Ejido
C. San Bartolomé
C. Cruz del Molinillo
C. Postigos
C. Padre Mondéjar
C. Diego de Siloé
C. Alta
SAN FELIPE NERI
C. Refino
C. Parras
C. Cruz Verde
LAGUNILLAS
C. Ollerías
LA MERCED
C. dos Aceras
C. Cobertizo del Conde
C. Don Rodrigo
C. Cabello
10
Iglesia de San Felipe Neri
C. Frailes
LA GOLETA
Teatro Cervantes
12
C. Vital
C. Mariblanca
22
C. R. Marín
Museo Casa Natal de Picasso
C. E. Ocón
C. G. Pallete
C. Gigantes
Plaza de San Pedro Alcántara
40
41
C. Madre de Dios
4
35
C. el Chiclanero
Museo Interactivo de la Música
C. P. Buenaventura
C. Álamos
Plaza de la Merced
C. Carretería
7
C. Muro de las Catalinas
C. Mosquera
C. Méndez Núñez
Peña Juan Breva
C. A. Pérez
C. Cárcel
C. Granados
15
C. Tomás Cózar
36
Iglesia de Santiago Apóstol
C. Comedias
C. Beatas
Plazuela Virgen de las Penas
14
Esencia
18
9
Teatro romano
C. Sta. Lucía
Plaza del Carbón
39
C. Granada
3
C. Mártires
30
37
17
31
CENTRO HISTÓRICO
C. Granada
C. Echegaray
Teatro Echegaray
13
Museo Picasso Málaga
C. Compañía
Plaza de la Constitución
19
C. Sta. María
24
C. San Agustín
C. Alcazabilla
C. Especerías
33
38
26
Cal y Canto
16
C. Fresca
Palacio Episcopal
C. Císter
C. San Juan
34
29
C. Camas
Plaza de las Flores
C. Marqués de Larios
5
C. Molina Lario
Catedral
25
Plaza del Obispo
C. Cañón
20
Museo de Málaga
42
C. Marqués
C. Nueva
C. Strachan
C. Postigo de los Abades
23
C. Bolsa
Plaza de Félix Sáenz
21
C. C. del Muelle
Paseo del Parque
C. A. Luján
C. S. de Lara

E
F
G
H
1
2
3
4
5
6
CRISTO DE LA EPIDEMIA
Plaza Santuario
Santuario de la Victoria
6
27
Plaza Alfonso XII
CONDE DE UREÑA
C. de Julio Mathias
C. Puerto Parejo
C. Luis Maceda
C. Conde de Ureña
C. C. de la Victoria
C. Amargura
C. Chaves
Jardín de los Monos
BARCENILLAS
C. Ferrándiz
Plaza de la Victoria
C. Barcenillas
C. Pinosol
LA VICTORIA
C. Lagunillas
Aza
C. San Lázaro
C. Victoria
C. Picacho
Parque forestal de Gibralfaro
C. Mundo Nuevo
MONTE DE GIBRALFARO
Camino Gibralfaro
2
Castillo de Gibralfaro
28
32
C. Mundo Nuevo
Alcazaba
Alcazaba
1
CAMPOS ELISEOS
Pso. Don Juan Temboury
Jardines de Pedro Luís Alonso
Paseo Reding
C. Guillén Sotelo
Plaza del General Torrijos
Av. de Cervantes
11
Rectorado de la Universidad de Málaga
Parque de Málaga
Paseo de los Curas
LA MALAGUETA
C. Maestranza
C. Arenal
0
200 m
Más información
Imprescindible p. 42
Experiencias p. 58
Comer p. 66
Beber p. 68
Comprar p. 69

EXPERIENCIAS

Alcazaba
MONUMENTO

PLANO: 1 P. 56 **E5**

Edificada a los pies del monte Gibralfaro en la segunda mitad del s. XI, cuando Badis, el rey zirí de Granada, anexionó Málaga a su taifa, la **Alcazaba** *(alcazabaygibralfaro.malaga.eu; 1,50-5,50 €)* fue primero fortaleza militar y después palacio. El vecino teatro romano sirvió de cantera y sus sillares, columnas y capiteles están integrados en el conjunto defensivo que se adentra en la ciudad con una torre albarrana e inicia después la subida al conjunto formado por torres, un circuito de murallas, adarves y puertas que dan paso a hermosos jardines con rincones con vistas espectaculares. Fueron los alarifes nazaríes, ya en el s. XIII, los que levantaron la zona palaciega. En verano se organizan visitas nocturnas guiadas y teatralizadas muy recomendables, como las de la **Asociación Cultural Zegrí** *(952 202 692; 9.00-13.00 lu-vi)*, voluntarios que difunden el patrimonio de la ciudad.

Castillo de Gibralfaro
MONUMENTO-CENTRO DE INTERPRETACIÓN

PLANO: 2 P. 56 **G4**

Erigido sobre los restos de un faro por el rey nazarí Yusuf I en el s. XIV, quien también construyó la coracha (doble muro fortificado) que unía el castillo con la Alcazaba, la **fortaleza** *(alcazabaygibralfaro.malaga.eu; 1,50-5,50 €)* tuvo uso militar hasta 1925. El polvorín del s. XVIII aloja un centro de interpretación que ilustra, con armas y uniformes militares, cómo fue la vida en esta guarnición desde el s. XVI. Su ubicación, en el monte de Gibralfaro, lo convierte en un mirador excepcional sobre la bahía de Málaga. Se puede recorrer casi todo el perímetro de su muralla, además de subir a la torre del homenaje, de 17 m de altura y desde

LA ADUANA PARA MÁLAGA

El palacio de Buenavista, un edificio renacentista declarado Monumento Nacional, acogió el Museo de Bellas Artes hasta 1997, año en que se cerró para convertirse en el Museo Picasso. Las 2149 obras del Museo de Bellas Artes se almacenaron durante casi dos décadas, destino que compartieron las más de 15 000 piezas del Museo Arqueológico, de forma que la ciudad estuvo unos 20 años sin sus grandes museos. El movimiento ciudadano La Aduana para Málaga luchó durante todo ese tiempo para que el palacio de la Aduana se convirtiera en su sede. Este clamor hizo que, en el 2005, el Estado y la Junta de Andalucía acordaran que el Museo de Málaga se instalara en el edificio neoclásico que había sido Subdelegación del Gobierno y comisaría de policía. Hoy, con sus 18 402 m², es el mayor museo estatal de Andalucía.

donde, en días claros, se divisa el estrecho de Gibraltar y África. El castillo cuenta con un agradable bar al aire libre, **La Terrazita,** con increíbles vistas, y en su plaza de armas se organizan conciertos en verano dentro de los ciclos **Noches de Gibralfaro** o **Julio Musical** *(malagadecultura.com).* Si se adquiere una entrada conjunta Alcazaba/Gibralfaro, puede usarse 48 h. Los monumentos no se comunican, tienen accesos independientes.

Teatro romano
MONUMENTO

PLANO: 3 P. 56 **D5**

Levantado en el s. I, en época de Augusto, este es el principal **vestigio romano** *(juntadeandalucia.es/cultura/enclaves/enclave-arqueologico-teatro-romano-de-malaga)* de la ciudad. Del conjunto, que se abandonó en el s. III, se conserva parte del escenario, el lugar reservado a los senadores y la cávea, con 13 gradas que alcanzan los 16 m, y una de sus entradas *(vomitorium).* Su centro de interpretación, que exhibe hallazgos de la excavación, está decorado con textos de la famosa *Lex Flavia Malacitana,* cinco tablas de bronce en las que se otorga a Malaca el estatuto de municipio de derecho latino dentro del Imperio romano. Las piezas originales se conservan en el Museo Arqueológico Nacional de Madrid. El centro ofrece visitas guiadas gratis de unos 40 min previa reserva *(TRomanoMalaga.aaiicc@juntadeandalucia.es; ma-do).*

POR LAS VEREDAS PICASSIANAS

De paseo con Picasso

El Ayuntamiento ofrece una audioguía, desarrollada por Guidum *(visita.malaga.eu/picasso2023/es/tras-los-pasos-de-picasso-ruta-picassiana),* para recorrer los lugares en los que Pablo Picasso pasó sus primeros 10 años de vida.

Primeros dibujos taurinos

Desde su casa natal en la plaza de la Merced, hoy convertida en museo, el recorrido incluye 18 localizaciones en un plano. Una de ellas es la plaza de toros de La Malagueta, que frecuentaba con su padre y donde realizó algunos de sus primeros dibujos.

La última visita

El artista visitó por última vez su ciudad en diciembre del 1900 para despedir el siglo. Entonces Picasso vivía en París y tuvo que alojarse en el desaparecido hostal Las Tres Naciones, tras negarse a adecentar su aspecto bohemio parisino para ser recibido en casa de sus tíos.

Museo Casa Natal de Pablo Picasso
CASA-MUSEO

PLANO: 4 P. 56 **D4**

La **casa** *(museocasanatalpicasso.malaga.eu; 2-4 €)* en la que nació

Picasso en 1881 y donde vivió hasta los 10 años, cuando su familia se trasladó a A Coruña, reúne una colección de 7000 obras del autor del *Guernica* y algunos de sus coetáneos, como Miró, Chagall o Max Ernst. Dibujos, libros ilustrados y obra gráfica se muestran tanto en la casa familiar, una construcción burguesa de 1861, como en la sala de exposiciones que gestiona el museo *(pl. de la Merced 13)*. El cuaderno con 84 dibujos preparatorios de *Las señoritas de Aviñón,* realizado en 1907, es la joya de una colección en la que están representadas todas sus etapas creativas entre 1905 y 1971. En la vivienda, con una recreación histórica de cómo debió ser la casa de los Ruiz Picasso, pueden verse también objetos, documentos y fotografías de la familia y de la ciudad a principios del s. xx.

Palacio Episcopal CENTRO CULTURAL

PLANO: 5 P. 56 **C6**

Sede del Centro Cultural Fundación Unicaja de Málaga desde el 2019, el **Palacio Episcopal** *(fundacionunicaja.com)* es uno de los mejores ejemplos de arquitectura

CEMENTERIO HISTÓRICO DE SAN MIGUEL

Málaga fue de las primeras ciudades del país en cumplir la orden de Carlos III de sacar los camposantos fuera del casco urbano. El cementerio de San Miguel *(cementeriosanmiguel.malaga.eu; pl. del Patrocinio 8)* se construyó extramuros y entre 1810 y 1987 ha recibido a muchos huéspedes ilustres. Pasear entre sus tumbas es como hacerlo por la historia reciente de la ciudad, ya que en sus 250 panteones moran sus grandes benefactores junto a escritores como Salvador Rueda, Alfonso Canales o la norteamericana Jane Bowles.

Entre sus panteones, algunos de gran valor arquitectónico, destaca el templete dórico adosado a la capilla en el que descansa el padre de la Revolución Industrial malagueña, Manuel Agustín Heredia (1786-1846). Una visita guiada es ideal para apreciar la belleza de su arquitectura funeraria, con ejemplos como el panteón de inspiración medieval de la familia Larios, con sus gárgolas y pináculos, o la obra *art decó* que el arquitecto Antonio Palacios diseñó en 1930 para la familia Sáenz Calvo.

Es interesante reparar en la simbología funeraria de estos monumentos, construidos en estilos muy distintos pero en los que se repiten ciertos elementos: la crátera velada, los dragones guardianes del inframundo, el ancla como representación de la esperanza en la vida eterna o las flores de adormidera, símbolo del sueño eterno. La fuente *Tempus fugit,* de 1849, un elegante obelisco de ágata coronado por un reloj de arena con alas de hierro fundido, recuerda la fugacidad de la vida en la plaza que antecede al camposanto.

barroca civil de la ciudad y la obra más significativa del malagueño Antonio Ramos (1703-1782), maestro mayor de la vecina catedral en su última fase constructiva. En su armónica fachada principal, de tres plantas, destaca una portada-retablo clasicista elaborada en mármoles grises y rosas. Del edificio, donde se ofrecen exposiciones temporales, destacan sus dos patios con zócalos de azulejos costumbristas sevillanos del s. XVIII y la escalera imperial. Merece la pena recorrer el conjunto.

Santuario de Santa María de la Victoria IGLESIA Y MUSEO

PLANO: 6 P. 56 **F1**

En el solar en el que Fernando el Católico montó su campamento durante el asedio a Málaga en 1487 se alza el **santuario de la Victoria** (*676 655 571; 9.30-14.00 y 17.30-20.30 oct-may, 9.30-14.00 y 18.30-21.00 jun-sep*), una de las patronas de la ciudad. El templo barroco, construido entre 1693 y 1703, es la iglesia del convento de la orden de San Francisco de Paula a la que los reyes entregaron una imagen de la Virgen, según la leyenda regalo del emperador Maximiliano, que aún es la titular del templo y que debe su nombre al éxito de la campaña de los monarcas: Virgen de la Victoria. La imagen está entronizada en una torre-camarín visitable. El conjunto, que se alza majestuoso en la explanada en la que desemboca la calle Compás de la Victoria, incluye el museo de la **Torre Camarín** (*10.30-14.00 ma-vi*), al que se accede por el jardín y del que forma parte la imponente **cripta de los condes de Buenavista,** un perfecto ejemplo del llamado barroco tétrico, con paredes negras y yeserías en blanco

VAMOS DE FESTIVALES

Lo mejor del cine español

El Festival de Málaga, la gran cita anual del cine español (*festivaldemalaga.com*), se celebra cada año en marzo o abril y, además de largometrajes, presenta documentales y cortometrajes. El centro de la ciudad se transforma en una gran y animada alfombra roja.

De la Brisa al Terral

En verano la música suena por todas las esquinas en citas como Brisa (*brisafestival.com*), que se celebra en el Puerto de Málaga en julio, o Terral, centrado en músicas del mundo y que se programa en el teatro Cervantes (*teatrocervantes.com*).

Desde el patio de butacas

El Festival de Teatro de Málaga, que en el 2025 celebra su 42ª edición, ha crecido y se divide en dos actos. El primero se ofrece en enero y febrero en los teatros Cervantes y Echegaray; el segundo se celebra en mayo e incluye montajes de teatro clásico. Cada edición programa unos 40 espectáculos con 80 funciones.

con esqueletos que componen un intenso *memento mori*.

Museo Interactivo de la Música

MUSEO

PLANO: 7 P. 56 **C4**

Este original **museo** *(mimma.es; 4-6 €)*, que se acerca a otras culturas a través de sus músicas, presenta en un palacio del s. XVIII la colección del malagueño Miguel Ángel Piédrola (1944). Es una de las más completas de Europa, con más de 400 instrumentos de los cinco continentes, desde recreaciones de las flautas de hueso del Paleolítico Superior, que son los artefactos sonoros más antiguos de cuantos se conocen, hasta un piano Érard, el gran constructor de pianos francés del s. XVIII que creó piezas para Haydn o Beethoven, o pianos fabricados por el malagueño Juan López en 1900. Buena parte de la colección es interactiva. Además, organizan conciertos (flamenco incl.) y exposiciones temporales.

Jardín Botánico-Histórico La Concepción

JARDÍN

PLANO: 8 P. 56 **A1**

Este jardín histórico *(laconcepcion.malaga.eu; 3,10-5,20 €)* de 3,5 Ha, creado en 1855 por los marqueses de Casa Loring, cuenta con la mejor colección de palmeras de Europa entre sus más de 25 000 plantas de 2000 especies tropicales y subtropicales. Pero la **finca de La Concepción** fue primero famosa por la colección arqueológica que sus propietarios exhibían en un templete de estilo dórico en 1859, el Museo Loringiano, que incluía importantes piezas como la *Lex Flavia Malacitana,* un bronce que data del año 80 con las leyes romanas que hoy se exhibe en el Museo

LA SEMANA SANTA Y SUS HOMBRES DE TRONO

La Semana Santa de Málaga, una cita que atrae a más de 1,5 millones de visitantes, se distingue por la forma en la que procesionan sus 43 hermandades. Las andas que portan las imágenes, que en Málaga se llaman tronos, son largos varales que se cargan a hombros. Su tamaño hace que se necesiten entre 150 y 200 hombres de trono para llevarlos; aunque hay excepciones como los varales de la Esperanza, de 14 m de longitud, con los que cargan 274 personas. La Semana Santa malagueña, declarada de Interés Turístico Internacional, es única por la unión de varias hermandades con cuerpos de seguridad, como la Guardia Civil con el Cristo de la Expiración, o la Legión con el Cristo de la Buena Muerte. Los legionarios, que velan al Cristo de Mena en la capilla de Santo Domingo, acompañan a la imagen mientras entonan *El novio de la muerte*. El Museo de la Semana Santa, en la sede de la Agrupación de Cofradías *(agrupaciondecofradias.com; c. Muro de San Julián 2)*, junto a la iglesia de San Julián, permite conocer más sobre esta singular manifestación.

Arqueológico Nacional. La Concepción, declarado Jardín Histórico-Artístico, conserva su trazado decimonónico y edificios como la casa-palacio, el mirador o la casita del jardinero, con una exposición permanente que narra los orígenes del jardín con muñecas Barbie. En este exuberante universo se organizan conciertos, exposiciones o talleres, y puede descubrirse a través de visitas guiadas, teatralizadas o simplemente paseando.

Iglesia de Santiago Apóstol — IGLESIA

PLANO: 9 P. 56 **D5**

Es una de las cuatro parroquias que mandaron construir los Reyes Católicos tras la toma de la ciudad. Se trata de un monumento de estilo gótico-mudéjar con una bella torre, renovado en el s. XVIII para adaptarse al gusto barroco y restaurado en el 2018. Esta **iglesia** *(952 219 661; 9.00-13.00 lu-vi, 10.00-13.00 sa-do y fest)* hizo las veces de catedral mientras duraron las obras de la Encarnación y es la sede de la popular imagen de Jesús el Rico. En el s. XVIII, cuando una epidemia de peste mermó considerablemente la población de la ciudad, la cofradía no encontraba hombres que portaran el trono de Jesús el Rico y fueron los presos los que lo llevaron a hombros y, después, volvieron a la cárcel. Desde entonces, cada Miércoles Santo el Rico libera a un preso que no haya cometido un delito de sangre en agradecimiento por aquel gesto. Un azulejo en la portada recuerda que en esta iglesia fue bautizado Pablo Ruiz Picasso el 10 de noviembre de 1881.

Iglesia de San Felipe Neri — IGLESIA

PLANO: 10 P. 56 **B3**

El conde de Buenavista financió la primera capilla que se levantó entre 1720 y 1730 y la cedió a la orden de los filipenses. Esta **iglesia barroca** *(952 211 607; 17.30-19.00 ma-sa)*, no tan conocida como otras del centro, fue ampliada a lo largo del siglo con intervenciones de famosos arquitectos como José

EL DESPERTAR DEL LETARGO

Tras dos siglos de bonanza, gracias primero al comercio marítimo y después a la Revolución Industrial, a mediados del s. xx, Málaga languideció hasta sumirse en un profundo sueño, condenada a ser mero andén de la solaz y próspera Costa del Sol. El cambio arrancó con el nuevo milenio tras la renovación de sus infraestructuras de comunicaciones, peatonalización de sus principales arterias, rehabilitación de sus edificios, recuperación de su gastronomía y, sin duda, la inauguración del Museo Picasso Málaga en el 2003, crucial a la hora de atraer, más tarde, a instituciones como el Centre Pompidou, el Museo Ruso o el Carmen Thyssen, razón por la que Málaga se ha ganado el sobrenombre de Ciudad de los Museos.

de Bada y Antonio Ramos, ambos autores de la última fase de la catedral, o Ventura Rodríguez y Martín de Aldehuela, al que se debe el tabernáculo y la planta elíptica de su única nave, con los que se dio por concluida la obra en 1795. El templo, aunque como otros muchos de la ciudad fue saqueado en 1931 durante la II República, conserva imágenes como la Virgen de los Dolores de la Orden de los Servitas, obra de Fernando Ortiz del s. XVIII. Merecen destacarse su portada lateral, en la calle Gaona, con esgrafiados (dibujos geométricos en rojo y ocre), y la primitiva capilla, que se encuentra bajo el presbiterio y se puede visitar.

Rectorado de la Universidad de Málaga

SALA DE EXPOSICIONES

PLANO: 11 P. 56 **E6**

La antigua Casa de Correos y Telégrafos, edificio neomudéjar de 1923, alberga ahora el **Rectorado de la Universidad de Málaga** (UMA; *uma.es*), que incluye una sala de exposiciones que siempre acoge interesantes propuestas contemporáneas, como las dedicadas a Francisco Peinado, Teté Vargas-Machuca, Pierre Gonnord o Paloma de la Cruz. Su ubicación, a los pies de la Alcazaba, la convierte en testigo privilegiado de 2700 años de historia, que pueden visitarse en el sótano del edificio. El recorrido comienza con los restos de tres cerramientos de la ciudad: la muralla fenicia y las árabes de los ss. XI y XIII, e incluye piletas de una factoría de salazones de pescado en las que los romanos preparaban el preciado *garum* malacitano que se distribuía por todo el imperio.

Teatro Cervantes

ÓPERA, MÚSICA, DANZA

PLANO: 12 P. 56 **C3**

Construido en 1870 por Gerónimo Cuervo, con pinturas en el techo y el telón de boca de Bernardo Ferrándiz, el **gran escenario de la ciudad** (*teatrocervantes.com*) ofrece temporada lírica de septiembre a mayo. Entre los ciclos que incluye su programación destacan el Festival de Teatro de Málaga *(ene, feb y may)*, el Festival Internacional de Jazz *(nov)* o el de Música de Cámara *(may o jun)*. También es la sede la Orquesta Filarmónica de Málaga.

Teatro Echegaray

DANZA, MÚSICA, TEATRO INFANTIL

PLANO: 13 P. 56 **C5**

Nació como un cine en 1932, obra de Manuel Rivera Vera, el mismo arquitecto que diseñó el ayuntamiento. Las proyecciones cesaron en el 2001 y desde el 2009 se ha convertido en el segundo **teatro municipal** (*teatroechegaray.com*) y sede del ciclo de teatro infantil *(oct-may)*. Con 297 localidades, esta bombonera acoge también, entre otros, espectáculos escénicos de producción propia, la Factoría Echegaray *(sep-jul)*, danza y un ciclo de tango.

Esencia

FLAMENCO

PLANO: 14 P. 56

Desde que el **Teatro Flamenco Málaga** *(teatroflamencomalaga.com; 17.30, 19.00 y 20.30 lu-do)* abrió sus puertas con sus tres funciones diarias del espectáculo *Esencia,* nadie puede decir que se queda con las ganas de conocer este arte, que es Patrimonio Cultural Inmaterial de la Humanidad. Además, ofrecen clases de baile, toque, cante, percusión y de historia del flamenco. El teatro se encuentra muy cerca de la popular plaza del Carbón.

Peña Juan Breva

FLAMENCO, MUSEO

PLANO: 15 P. 56 **C4**

Abierto en 1958, este **centro vivo del estudio y la difusión del flamenco** *(peñajuanbreva.eu)* programa actuaciones, conferencias y charlas en torno a este arte y rinde homenaje al famoso cantaor y guitarrista malagueño Juan Breva (1844-1918). Una de sus citas más especiales es la "Berza flamenca" *(35 €; 14.00),* un almuerzo que se sirve el primer sábado de cada mes seguido de una actuación. La peña es además el **Museo del Arte Flamenco** *(10.00-14.00 lu-sa),* custodio de instrumentos, pinturas, vestuario, documentación y todo tipo de grabaciones, desde las pioneras que se hacían en cilindros de cera.

El Gallo Ronco

FLAMENCO

PLANO: 16 P. 56 **B5**

La bailaora malagueña Rebeca Lauret es el alma de este local flamenco que ofrece dos espectáculos diarios *(lu-sa, 19.00 y 21.00),* un lugar recogido para sentir el baile, el toque y el cante de cerca. Junto al local, la taberna flamenca **El Gallo Ronco,** con una amplia terraza en la plaza de las Flores, ofrece cocina andaluza para completar la velada *(elgalloronco.com; almuerzo y cena lu-do).* Es conveniente reservar y, a veces, se ofrecen pases adicionales.

LA EMBRIAGADORA BIZNAGA

La flor de Málaga por excelencia es la biznaga; aunque en realidad no es una flor, sino una composición artesanal realizada a partir de un nerdo seco y cortado, una especie de cardo, en el que se insertan las flores del jazmín real aún cerradas. El biznaguero va metiendo pacientemente los jazmines en los filamentos del nerdo y cuando las flores se abren al caer la tarde forman casi una esfera blanca con un maravilloso y dulce aroma. Oler a biznaga, palabra que proviene del árabe medieval, es oler a verano, a paseo, a fiesta. Los biznagueros, con camisa blanca y fajín rojo, las pregonan por las calles en las tardes estivales. Las llevan pinchadas en la penca de una chumbera y van dejando tras de sí un rastro embriagador. Hace siglos que Málaga huele a esta contrahecha flor, que cuesta unos 5 € y es el mejor repelente natural contra los mosquitos.

SUGERENCIAS

Lo mejor para...

€ Económico €€ Medio €€€ Alto

Localizaciones en el plano de la p. 56

Comer

Andaluza

La Cosmopolita Malagueña €€
17 C5
El chef Dani Carnero es un enamorado del cuchareo. Parte de la tradición, como los potajes de vigilia, para crear platos como el tartar de gamba con tuétano asado o los callos Frank Sinatra *A mi manera*. El local tiene varios espacios y una amplia terraza. Conviene reservar. *lacosmopolita.es; almuerzo y cena lu-sa*

Mesón Mariano €€
18 C4
Las alcachofas son las reinas de su cocina: fritas, a la plancha, rebozadas, amontilladas, confitadas... Centrado en el producto y en el buen servicio, este restaurante tradicional es famoso también por sus carnes, en especial por el chivo malagueño al horno. Comida de siempre que nunca defrauda. *952 211 899; almuerzo y cena ma-sa*

Bar Málaga €€
18 B5
Este establecimiento, con barra en la planta baja y restaurante en el 1er piso es famoso por sus alcachofas a la plancha, las berenjenas fritas con miel de caña o el exquisito atún en manteca. El local tiene dos mesitas en sus respectivos balconcitos, un buen lugar para una cena íntima. *952 219 498; almuerzo y cena*

El Huesca €€
20 D6
El cochinillo asado de este tradicional restaurante, abierto en 1964, es la especialidad de la casa. Bajo un techo forrado por cajas de puros y entre paredes repletas de carteles taurinos puede degustarse también su larga lista de molletes. Estupenda ubicación con una terraza con vistas a la catedral. *elhuesca.com; almuerzo y cena mi-sa, cena ma jun-sep; almuerzo y cena mi-sa, almuerzo do oct-may*

Mediterránea

Matiz €€
21 C6
En la planta baja del Hotel Molina Lario se halla esta cafetería, restaurante, gastrobar y coctelería. En varios ambientes contiguos, entre los que destaca un patio que acoge exposiciones temporales, se ofrece una cocina de mercado original, como el canelón de chivo malagueño cocinado durante 72 h. *restaurantematiz.es; desayuno almuerzo y cena lu-do*

La Peregrina €€
22 C3
En este desenfadado bar, muy cerca del teatro Cervantes, se sirven pescados y mariscos. Hay que probar las conchas finas, pero, si no gustan los bivalvos crudos, también ofrecen recetas tradicionales como el caldillo de pintarroja, una sopa picantita de pescado, o la pipirrana, una refrescante ensalada. Mejor reservar. *952 061 085; almuerzo y cena ma-sa, almuerzo do; almuerzo y cena ma-sa jun-sep*

La Cepa €€

23 C6

Si quiere codearse con malagueños, este es el lugar ideal: un pequeño mesón tradicional que funciona desde 1996, con buen servicio y en el que siempre hay que reservar. Destacan sus platos con bacalao, los *pescaítos* fritos o la paletilla de cordero asado. *952 214 089; almuerzo y cena ma-sa, almuerzo lu*

Malagueña

Los Hidalgos €

24 C5

Restaurante familiar ideal para acercarse a la cocina tradicional malagueña. Abierto desde 1968, sus platos estrella son los caracoles, las croquetas de piñones y las frituras, especialmente la de boquerones victorianos (que se pescan en torno al 8 de septiembre, día de la Virgen de la Victoria, y deben tener un mínimo de 9 cm). Se recomienda reservar. *loshidalgos.es; almuerzo y cena ju-sa, almuerzo ma, mi y do*

Mesón Rincón Catedral €€

25 C6

La clave del éxito de este restaurante que dirige Emilia Rincón es la cocina clásica malagueña, sin experimentos, con platos como el gazpachuelo, las alcachofas en salsa de almendras, o las imprescindibles frituras de pescado. Artistas e intelectuales frecuentan este pequeño y acogedor local, situado junto al ábside de la catedral. *952 600 518; almuerzo y cena vi y sa, almuerzo do, lu, mi y ju*

Araboka €€

26 D5

Antonio Fernández ha acuñado un término para definir su carta: cocina de herencia. La idea es actualizar recetas tradicionales malagueñas sin que pierdan autenticidad. Con platos como el tartar de salchichón de Málaga o el chivo lechal malagueño deshuesado. Su bodega, con 400 referencias, incluye 80 caldos de la provincia. Se recomienda reservar. *arabokarestaurante.com; almuerzo y cena mi-lu*

Nerva €€

27 F1

En el barrio de la Victoria, alejado del ajetreo del centro, Nerva lleva casi 40 años mimando a sus clientes. Uno de ellos, el desaparecido pintor Eugenio Chicano, está presente en sus paredes. Merece la pena probar su premiada ensaladilla rusa, la sopa Viña AB (un gazpachuelo al que se añade el vino que le da nombre) o deleitarse con su lomo en manteca *colorá. barnerva.es; desayuno y almuerzo ma-vi y do*

De autor

Ta-Kumi €€€

28 E4

En un emplazamiento espectacular, con vistas a la muralla de la Alcazaba, este restaurante es parada obligatoria para los amantes de la cocina japonesa. Entre sus especialidades destacan los langostinos con *kimchi,* el bacalao negro con *miso* o los *nigiris* calientes de anguila. Recomendado en la Guía Michelin 2025, es mejor reservar. *restaurantetakumi.com; almuerzo y cena ma-sa*

Taberna Uvedoble €€

29 D5

La taberna del chef Guillermo Orellana se encuentra en un lugar privilegiado: frente a la Alcazaba. Con un formato que está entre la tapa y la ración, presenta recetas originales en base a ingredientes tradicionales como el canelón de chivo malagueño a la pastoril o sus populares fideos negros tostados con calamaritos de Málaga. Se recomienda reservar. *uvedobletaberna.com; almuerzo y cena lu-sa*

Ronda 14 €€

30 B5

Este es un buen lugar para acercarse a la cocina *nikkei*, síntesis de las cocinas japonesa y peruana. El chef Mario Céspedes ha desembarcado en Málaga con tiraditos, ceviches e imaginativas combinaciones de *sushi* en una carta que no olvida las tapas andaluzas. El local, abierto en el 2024, cuenta con una agradable terraza. *ronda14.com; almuerzo y cena ma-sa, almuerzo do*

Beber

Bodega

El Pimpi

31 D5

Nadie se va de Málaga sin pasar por El Pimpi. Esta laberíntica bodega con patios, barras y salones tiene una gran terraza frente al teatro romano que ejerce de imán. Las botas en las que llegaban los vinos de Málaga están llenas de firmas que han dejado visitantes ilustres en sus 50 años de historia. Actores, escritores o políticos aparecen fotografiados en el caserón del s. XVIII levantado sobre una calzada romana. *elpimpi.com; 12.00-1.00 lu-do*

Café-bar

El Mirador del Mediterráneo

32 H4

Uno de los lugares más impresionantes para contemplar la ciudad a vista de pájaro, es el Parador de Gibralfaro, un gran edificio de piedra de 1948 con un amplio porche que alberga cafetería y restaurante. Domina toda la bahía: la plaza de toros, el parque, el puerto... Cualquier hora es buena para disfrutar de sus vistas, pero los atardeceres son memorables. *parador.es; 11.00-24.00*

Puerta Oscura

33 C5

Un clásico en el que disfrutar de un buen cóctel o un café con algún dulce rodeado de vitrinas antiguas y grabados que recrean el ambiente de una casa burguesa de principios del s. XX, cuando Málaga era una de las ciudades más prósperas del país. Sus pequeñas salitas contribuyen a sentirse, por momentos, dueño del lugar. *952 221 900; 17.00-1.00 lu-do*

Bar

La Farola de Orellana

34 B5

El Orellana es uno de los bares de tapeo de referencia en la ciudad desde que abrió en 1938, con una barra siempre llena de clientes dispuestos a disfrutar de su larga lista de tentaciones. Entre ellas las berenjenas fritas con miel de caña de Frigiliana, los caracoles y los callos, todo regado con vinos de Málaga o del Marco de Jerez. *951 131 930; 12.30-17.00 y 20.00-24.00 ma-sa, 12.30-17.00 do*

Café Calle de Bruselas

35 D4

Es una de las terrazas más animadas de la famosa plaza de la Merced, además de uno de los lugares de encuentro gay. Su interior está inspirado en una calle de la capital belga y, por supuesto, la cerveza no falla. La cocina cierra a las 16.30, a partir de ahí solo sirven copas. *952 603 948; 10.00-2.00 do-ju, 10.00-3.00 vi y sa*

Mesón

Cortijo de Pepe

36 D4

La familia Ramos lleva desde 1971 al frente de este mesón en la concurrida plaza de la Merced, uno de los pocos en Málaga en los que aún ponen una tapa con la consumición. *cortijodepepe.es; 13.00-24.00*

La Campana

37 C5

La Campana despacha vinos de Málaga desde 1905 en distintos establecimientos. El negocio familiar creció y en la década de 1980 llegó a tener 21 locales, aunque este, abierto en 1929, es el único que queda en el centro. Para acompañar sus famosos vinos (pajarete, moscatel o Pedro Ximénez), sirven *pescaíto* y marisco. *lacampanamalaga.es; 12.30-16.00 y 20.00-24.00 lu-sa, 12.30-16.00 do*

Comprar

Cerámica y azulejos

Alfajar

38 C1

La familia Ruiz Díaz lleva desde 1994 elaborando cerámica creativa inspirada en las civilizaciones que se asentaron en Málaga. Ellos se encargan de todo el proceso, desde el diseño hasta el acabado pintado a mano. La tienda está en los bajos del palacio barroco de Zea-Salvatierra, un edificio que fue sede del cabildo municipal en tiempos de Isabel II y después Casa de Correos. *alfajar.es; 10.00-21.00 lu-do*

Le Courtois

39 B2

Esta pequeña tienda ofrece antigüedades, curiosidades y, sobre todo, reproducciones artesanales de azulejos antiguos serigrafiados o pintados a mano. Estas copias de originales mudéjares, góticos del Levante español, religiosos del s. XVIII, olambrillas de Triana del s. XVII o de tipos rondeños de finales del XIX, se elaboran en Ronda. *656 425 145; 11.00-20.00 lu-do*

Librería

Proteo-Prometeo

40 E5

Abierta en 1969, en plena dictadura, con el nombre de Prometeo, esta librería pronto se convirtió en referente de la libertad de pensamiento en la ciudad. Su fundador, el editor, escritor y ecologista Francisco Puche, encargaba libros prohibidos a nombre de la librería Proteo *(libreriaproteo.com; 10.00-14.00 y 16.30-20.30 lu-vi, 10.00-14.00 sa)* para burlar la censura y los guardaba en un almacén secreto al que llamaban "El Infierno". Un gran incendio la destruyó en el 2021 pero ha renacido aún más bonita con sus restos de la barbacana y la muralla almohade del s. XIII.

Isla Negra

41 C4

Los amantes de los libros antiguos, de esos encuadernados en pergamino o piel en los ss. XVI-XVIII, encontrarán su paraíso particular en Isla Negra *(libreriaislanegra.com; 10.30-14.00 y 17.00-20.30 lu-vi, 10.30-14.00 sa)*. Este exquisito lugar también ofrece publicaciones más recientes, una bella colección de cristales y organiza exposiciones de arte contemporáneo. Sus vitrinas atesoran documentos antiguos y objetos curiosos relacionados con los libros, todo usado y escogido con gran mimo.

CIRCUITO A PIE

Paseo literario

Málaga es una ciudad mitificada por la literatura, cuna de muchos escritores y paraíso de otros muchos. La revista *Litoral*, fundada en 1926 por Emilio Prados y Manuel Altolaguirre, cambió el canon de la forma de publicar poesía en España. Que los maestros impresores fueron tan importantes como quienes colaboraron en sus páginas lo demuestra que aún se publican.

INICIO	FINAL	DURACIÓN
Plaza de la Marina	Calle Cervantes	3,7 km; 2,5-3 h

1 José Moreno Villa

En la **plaza de la Marina,** en una casa ya desaparecida, nació en 1887 el escritor, poeta, pintor y archivero José Moreno Villa. Esta plaza, junto al puerto, la Alameda Principal y lo que hoy es el Soho, componen el eje de la Generación del 27, de la que Moreno Villa formó parte. En su amplia obra destaca *Jacinta la pelirroja. Poema en poemas y dibujos* (1929).

2 Vicente Aleixandre

Aunque nació en Sevilla en 1898, Aleixandre pasó su infancia en Málaga, ciudad en la que descubrió la luz y aprendió a leer poesía. Premio Nobel de Literatura en 1977, vivió en la **calle Córdoba 6,** donde se le recuerda con una placa desde 1960, puesta en pleno franquismo, gracias al empeño de los poetas María Victoria Atencia y Alfonso Canales. Su libro *Sombra del paraíso* (1944), dedicado a esta ciudad, incluye *Ciudad del Paraíso* (cuyos célebres versos pueden leerse sobre un muro en la travesía Pintor Nogales), "poema fundacional de la Málaga contemporánea", según Alfredo Taján (Rosario, Argentina, 1960), escritor, director de la Casa Gerald Brenan y cicerone de este paseo literario por las calles de Málaga.

3 Imprenta Sur

En la imprenta de la familia Andrade, ya con la tercera generación al frente, nació *Litoral,* revista en la que colaboraron Federico García Lorca, Rafael Alberti, Luis Cernuda o Dámaso Alonso. Su última sede estuvo en la **Alameda Principal 37,** local que hoy ocupa la librería Luces. La Diputación de Málaga adquirió y reparó la maquinaria de la imprenta, que vuelve a funcionar en la **calle Ollerías 34** en el **Centro Cultural María Victoria Atencia** *(centrocultural mva.es).*

4 Altolaguirre y Prados

Los creadores de *Litoral* eran vecinos y amigos desde niños. Ambos vivían en la señorial **calle Strachan,** donde sendas placas los recuerdan. Altolaguirre nació en el **nº 4** en 1905 y Prados en el **nº 7** en 1899. La esposa del primero, la poeta e impresora Concha Méndez, tuvo también un papel relevante en la revista. El primer número salió en 1926 con un dibujo de Manuel Ángeles Ortiz en la portada.

5 Café Chinitas

Alma festiva de Málaga, **el Chinitas** fue un café cantante fundado en 1857 y clausurado en 1937, en plena Guerra Civil. Frecuentado por toreros, flamencos, poetas, malandrines y proxenetas, por su escenario pasaron los grandes de la época y se convirtió en punto de encuentro de la Generación del 27. Una placa recuerda las primeras estrofas del poema de Federico García Lorca que él mismo interpretó al piano y cantó La

Argentinita en 1931: "En el café de Chinitas dijo Paquiro a su hermano: 'Soy más valiente que tú, más torero y más gitano'." El famoso Chinitas, que estaba en el primer piso del edificio, ha vuelto a abrir sus puertas en el 2024, con una escultura de García Lorca apoyado en su barra circular, ideada para recrear el ambiente del original. El actual **Café de Chinitas** *(elcafedechinitas.com; 12.00-24.00 lu-do)* es un local bullicioso repleto de referencias al pasado.

6 María Rosa de Gálvez

Dramaturga y poeta, María Rosa de Gálvez (Málaga 1768-Madrid 1806) vivió entre la Ilustración y el Romanticismo y fue precursora de una literatura que se estaba quitando el corsé. Mujer independiente, separada de su marido y precursora del feminismo, fue amante de Godoy, el primer ministro de Carlos IV, quien impulsó la publicación de sus *Obras poéticas* (1804). Residió en el **nº 1 de la plaza de la Merced.**

7 Centro Cultural Generación del 27

Creado por la Diputación de Málaga, este **centro cultural** *(c. Parras 34)* mantiene vivo el espíritu vanguardista del grupo de poetas, escritores, artistas plásticos, músicos y humanistas al que alude. Además de preservar el legado de *Litoral* y de otras revistas y suplementos que se editaron en aquellos años, el centro organiza exposiciones, cuenta con biblioteca y centro de documentación, e impulsa la creación literaria contemporánea *(malaga.es/generaciondel27/1001/generacion).*

8 Cementerio Inglés

Fundado en 1831 como el primer camposanto protestante en España, el **cementerio Inglés** (p. 99; *cementerioinglesmalaga.org)* es un lugar romántico y evocador en el que reposan los restos del hispanista británico Gerald Brenan, autor de *El laberinto español,* y de su esposa, la norteamericana Gamel Woolsey, quien escribió la imprescindible *Málaga en llamas* sobre la Guerra Civil; el novelista finlandés de ciencia ficción Aarne Haapakoski; o el poeta Jorge Guillén, miembro de la Generación del 27 y autor de *Cántico.* También yace allí Robert Boyd, de quien no nos han llegado escritos, aunque su nombre forma parte de la historia de la ciudad. Boyd, oficial de la Compañía Británica de las Indias Orientales, se levantó junto al general Torrijos contra el absolutista Fernando VII y, como el resto de los sublevados, fue fusilado en la playa de San Andrés el 11 de diciembre de 1831. Su bello retrato puede verse en el gran lienzo de Antonio Gisbert que se conserva en el Museo del Prado.

GORDON BELL/SHUTTERSTOCK ©

9 Gran Hotel Miramar

Para Alfredo Taján, cementerios y hoteles son hitos fundamentales en la idiosincrasia cultural de las ciudades. Pues bien, en Málaga esta distinción le corresponde al Hotel Príncipe de Asturias, inaugurado en 1926 por el rey Alfonso XIII, un palacio junto al mar que ha tenido una azarosa vida. En 1936, durante la Guerra Civil, fue hospital de campaña; entre 1987 y el 2007, palacio de Justicia, y en el 2016 recuperó su función original reabriendo con el nombre de **Gran Hotel Miramar** (p. 103; *granhotelmiramarmalaga.com*). Este fue el cuartel general de los escritores estadounidenses Paul y Jane Bowles, del polifacético poeta Jean Cocteau, del cineasta Orson Welles o del escritor Ernest Hemingway.

Sugerencias de lugares para comer, beber y comprar en **p. 85**

Explora
De Carretería al Soho

Entre el cauce del río Guadalmedina, casi siempre seco, y la línea imaginaria que marca la calle Marqués de Larios se encuentra la Málaga más doméstica, un lugar ideal para acercarse al sentir de sus habitantes, los boquerones, como se conoce a los malagueños, por ser este el pescado que más abunda en sus costas y en sus platos. En las ciudades, encontrar un negocio de los de toda la vida, como dicen las madres, es casi misión imposible. Aunque en este rincón de Málaga resisten bastantes tiendas autóctonas, sobre todo en las inmediaciones del bullicioso Mercado de Atarazanas. Y junto a lo más popular se ha desarrollado el área más moderna del centro: el Soho, versión local de la TriBeCa neoyorquina.

Cómo desplazarse

Autobús
En la Alameda Principal tienen parada muchos de los autobuses urbanos: n° 1, 2, 3, 4, 5, 6, 7, 8, 9, 10, 11, 14, 17, 19, 20, 21, 23, 25, 30, 31, 32, 33, 34, 35, 37, 38 y 64. Desde esta vía hacia el norte, casi todas las calles son peatonales. También circulan, por el pasillo de Santa Isabel, las líneas 2, 17, 20, 30 y 36.

Metro
Línea 1 Atarazanas.

Fachada del Mercado Central de Atarazanas (p. 77).
ELROCE/SHUTTERSTOCK©

★

LO MEJOR

COLOR Y SABOR
Mercado de Atarazanas (p. 77)

OCIO NOCTURNO
Teatro Soho (p. 83) y La Terraza de Valeria (p. 87)

TRADICIÓN
Museo de Artes y Costumbres Populares (p. 77)

ARTE
Museo Carmen Thyssen (p. 80)

CIRCUITO A PIE

Un sencillo paseo por las raíces

Este paseo por la Málaga más doméstica comienza por el Mercado Central de Atarazanas, un bello lugar en el que además de llenar la cesta se puede charlar con los tenderos, aprender recetas o disfrutar del carácter abierto y alegre de los malagueños. Luego se visitan algunos de los rincones más castizos de la capital de la Costa del Sol.

INICIO	FINAL	DURACIÓN
Mercado Central de Atarazanas	C. Carretería 54	1,2 km; 3 h

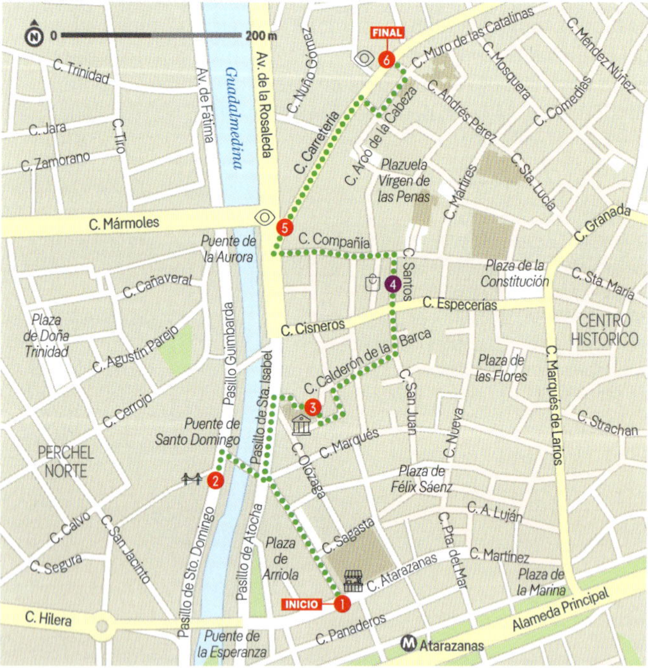

1 Mercado Central de Atarazanas

Levantado en el mismo solar que ocupó en el s. XIV un astillero nazarí del cual se conserva la imponente portada de mármol, el actual edificio del **Mercado Central de Atarazanas** *(c. Atarazanas 10; 9.00-14.00 lu-sa; bares 11.00-17.00 lu-sa)* es un proyecto neomudéjar de 1879 de Joaquín de Rucoba inspirado en el de Les Halles de París. Esta gran estructura de hierro, cerrada por la parte posterior por una vidriera que reproduce monumentos de la ciudad, alberga 110 puestos entre los que merece la pena perderse un rato, con o sin cesta de la compra. Además de ricas viandas, la principal plaza de la ciudad es muy popular por sus bares de pescado y marisco, como el **Café Bar Mercado Atarazanas** *(657 445 487; puestos 232-231; raciones 6-12 €)*.

2 Puente de los Alemanes

Desde la trasera del mercado, a través de la plaza de Arriola se llega al puente de Santo Domingo, más conocido como de los Alemanes, fruto de un capítulo de la historia reciente de la ciudad. En 1900, un temporal hizo naufragar a la fragata alemana *Gneisenau* y los pescadores malagueños se lanzaron a rescatar a sus tripulantes, algunos perdiendo la vida en el intento. Siete años más tarde, cuando una riada acabó con los puentes del río Guadalmedina, el pueblo alemán inició una colecta en agradecimiento por aquel "heroico auxilio" que permitió volver a conectar las dos orillas en 1909 con una pasarela de acero roblonado. El puente lleva a la **iglesia de Santo Domingo de Guzmán** *(952 307 043; 10.00-13.00 lu, 10.00-13.00 y 17.30-19.45 ma-sa, 10.30-12.30 do)*, ya en el barrio de El Perchel, levantada en el s. XV y ampliada en el s. XVII. De este templo sale en Semana Santa el famoso *Cristo de la Buena Muerte* que los legionarios llevan a hombros. El crucificado es una copia de la imagen de Pedro de Mena de 1660 (quemada en 1931) realizada por Francisco Palma en 1941.

3 Mesón de la Victoria

De vuelta a la margen izquierda del río, por el pasillo de Santa Isabel, que corre en paralelo al Guadalmedina, se llega al Mesón de la Victoria, sede del **Museo Unicaja de Artes y Costumbres Populares** (p. 81), que integra el antiguo mesón que los frailes franciscanos del convento de la Victoria levantaron en 1632. En el edificio, que conserva su distribución original, aún se pueden reconocer las caballerizas y almacenes de la primera planta, los aposentos y su galería que da a la calle Camas.

4 De tiendas

Desde el museo, se sube por la calle Calderón de la Barca para adentrarse en la zona de San Juan, donde hay varios negocios de los de toda la vida, como la sombrerería **Casa Pedro Mira** *(952 212 951; 10.00-13.30 y 17.00-20.30 lu-vi y 10.30-13.30 sa)*, en funcionamiento desde 1880, o la coqueta mercería **Aranchata** *(aranchata.com; 10.00-13.45 y 17.30-20.30 lu-vi y 10.00-14.00 sa)*. Un buen lugar para familiarizarse con la escena local del arte contemporáneo es **La Casa Amarilla** *(lcamalaga.com)*, un centro de arte sin ánimo de lucro con galería, tienda, talleres y residencias para artistas. El espacio tiene dos sedes: la **galería** *(Carretería 23bis, 17.00-20.00 lu-vi)* y una **sala de exposiciones** *(pl. Doña Trinidad 12; 8.30-15.00 y 17.00-20.00 lu-vi, ma tardes cerrado)*

5 Tribuna de los Pobres

De vuelta al pasillo de Santa Isabel, donde la calle cambia de nombre a Carretería, está la Tribuna de los Pobres, una escalinata junto al río, a la altura del puente de la Aurora, que salva el desnivel de Carretería, donde termina el centro histórico de Málaga. Con 25 escalones y separada por maceteros en cuatro calles, esta grada de la década de 1970 se ha convertido en uno de los puntos más populares para ver gratis algunas de las procesiones de Semana Santa fuera del recorrido oficial, a diferencia de las tribunas con sillas de pago que se instalan en la Alameda Principal y en la calle Larios.

6 Calle Carretería

Próspera vía comercial llena de tiendas de muebles hasta mediados del s. XX, Carretería languideció en la década de 1980. Ha sido la hostelería, con negocios de jóvenes emprendedores que empezaron a abrir hace una década, la que ha recuperado el antiguo esplendor de esta vía que ocupa el trazado del foso de la antigua muralla andalusí del s. XI (aún puede verse un lienzo), y que el Ayuntamiento ha decidido convertir en semipeatonal. Por la calle Puerta de Antequera, una de sus bocacalles, y después por el pasaje Gordón, se llega a la plaza del Pericón, donde sorprende su jardín vertical con un zócalo de acero con palabras perforadas, todas positivas. El **Soca** *(restaurantesoca.es; almuerzo y cena ma-sa, almuerzo do)* es uno de los nuevos atractivos de esta vieja calle.

Más información
Experiencias p. 80
Comer p. 85
Beber p. 87
Comprar p. 88
0 200 m
A
B
C
D
1
2
3
4
5
6
SAN FELIPE NERI
Museo del Vidrio y Cristal
LA MERCED
Sala Fundación Unicaja María Cristina
C. dos Aceras
C. Mariblanca
Olterías
C. E. Ocón
C. Gigantes
C. Malasaña
C. Trinidad
C. Tiro
Av. de la Rosaleda
C. Nuño Gómez
C. Carretería
C. Muro de las Catalinas
C. Mosquera
C. A. Pérez
Hamman Al Ándalus
Plazuela Virgen de las Penas
C. Mártires
Iglesia de los Santos Mártires
Pl. del Carbón
C. Echegaray
C. Mármoles
Puente de la Aurora
Museo Carmen Thyssen Málaga
C. Compañía
Iglesia del Santo Cristo de la Salud
Plaza de la Constitución
C. Sta. María
C. San Agustín
C. Cañaveral
The Pharmacy
C. Especerías
Iglesia de San Juan
Plaza de las Flores
CENTRO HISTÓRICO
C. Marqués de Larios
C. Molina Lario
C. Agustín Parejo
Museo Unicaja de Artes y Costumbres Populares
C. Camas
C. San Juan
Plaza del Obispo
C. Cañón
C. Cerrojo
Taller Gravura
C. Nueva
C. Strachan
PERCHEL NORTE
C. Olózaga
C. Marqués
Plaza de Félix Sáenz
C. A. Luján
Ifergan Collection
C. Sagasta
Plaza de Arriola
C. Pta. del Mar
C. Martínez
C. Sancha de Lara
C. San Jacinto
Pasillo de Sto. Domingo
Paseo del Parque
Parque de Málaga
Plaza de la Marina
C. Atarazanas
C. Hilera
C. Panaderos
Atarazanas
Puente de la Esperanza
Alameda Principal
C. de Trinidad Grund
C. Vendeja
C. Tomás Heredia
C. Córdoba
La Fábrica
Puente de Tetuán
Teatro Soho
Estación Marítima de Málaga
C. San Lorenzo
Alameda Colón
C. Barroso
C. Martínez Campos
Av. de Manuel Agustín Heredia
Estación de autobuses de Málaga
Puente de la Misericordia
MUCAC Mayoristas
ENSANCHE CENTRO (SOHO)
C. Alemania
Muelle 4

EXPERIENCIAS

Museo Carmen Thyssen Málaga

MUSEO

PLANO: 1 P. 79 B3

El renacentista **palacio de Villalón** *(carmenthyssenmalaga.org; 8-12 €, do desde 16.00 gratis)* guarda en torno a 300 obras de la colección de pintura andaluza del s. XIX y principios del s. XX de Carmen Thyssen, centrada en el paisaje romántico y el costumbrismo, además de acoger interesantes exposiciones temporales. También puede verse una pequeña muestra de arte religioso en la que destaca la *Santa Marina* de Zurbarán. La colección permanente comprende obras de Manuel Barrón, Pérez Villaamil, Domínguez Bécquer, Romero de Torres, Zuloaga, Regollos o Sorolla. El museo se abrió en el 2011 tras una larga restauración en la que se descubrieron importantes restos romanos, como un ninfeo decorado con frescos y piletas de una factoría de salazones, que está previsto que se incorporen a la visita antes del 2027.

MUCAC Mayoristas

MUSEO

PLANO: 2 P. 79 A6

El antiguo mercado de mayoristas de Málaga, un enorme edificio racionalista construido por Luis Gutiérrez de Soto en 1943 que cumplió con su función hasta 1983 y está declarado Bien de Interés Cultural, se convirtió en el 2003 en el **Centro de Arte Contemporáneo (CAC Málaga),** un proyecto que se ha prolongado hasta el 2024. Este edificio municipal, con casi 2500 m² de espacio expositivo, será una de las dos sedes del nuevo **Museo Centro de Arte Contemporáneo (MUCAC)** de Málaga y acogerá parte de las 10 000 obras de los ss. XIX-XXI de la colección municipal de arte, además de exposiciones temporales. Actualmente el conjunto está cerrado por obras y reabrirá en el 2026 con una entrada conjunta para las dos sedes: Mayoristas y La Coracha. Tras su apertura, el MUCAC será gratuito durante un año.

Ifergan Collection

SALA DE EXPOSICIONES

PLANO: 3 P. 79 B4

El tesoro fenicio de Málaga *(ifergan-collection.com; 3,5-7 €),* una colección privada integrada por 204 terracotas votivas de los ss. VI-IV a. C., permite bucear en el pasado fenicio de la ciudad. El sorprendente conjunto procede de los templos de Melqart y Astarté y ha pasado 2500 años sumergido en la costa de Tiro (Líbano), hasta que unos pescadores descubrieron el pecio en los años cincuenta del pasado siglo. Tritones, diosas de la fertilidad, dioses entronizados y personajes que alcanzan casi el metro de altura conforman una muestra única en el país.

Iglesia de San Juan IGLESIA

PLANO: 4 P. 79 B3

Esta es una de las cuatro iglesias que los Reyes Católicos mandaron construir en un arrabal islámico tras la conquista de Málaga en 1487. El **templo gótico-mudéjar** *(952 211 283)* ha sufrido grandes transformaciones desde entonces, especialmente tras el terremoto de 1680 que abatió su torre-pórtico, reedificada en el s. XVIII, y la destrucción de la mayor parte de sus obras de arte durante la quema de conventos de 1931. Sin embargo, San Juan, cuyo interior se rehabilitó en el 2009, permanece como un atractivo conjunto barroco, con su colorista fachada esgrafiada con motivos geométricos, en el corazón de este barrio comercial y bullicioso.

Museo Unicaja de Artes y Costumbres Populares MUSEO Y ARQUITECTURA

PLANO: 5 P. 79 B3

El antiguo **Mesón de la Victoria** *(museoartespopulares.com; 2-4 €)*, un edificio del s. XVII a orillas del Guadalmedina, alberga una extensa colección de los famosos barros malagueños, esculturas románticas de finales del s. XVIII hasta principios del s. XX que representan bandoleros, toreros, bailaoras, figuras religiosas y tipos populares de gran calidad artística y que se convirtieron en los primeros *souvenirs* de la ciudad. En torno a un patio con una galería de dos pisos con columnas, en el que se mezclan tradición morisca e influencia italianizante, el museo presenta también recreaciones de una cuadra, una tahona, una cocina popular,

SABOR A MÁLAGA

¿A qué sabe Málaga? En el 2011 la Diputación de Málaga inició un proyecto para dar a conocer los productos autóctonos de la provincia a través de la plataforma Sabor a Málaga *(saboramalaga.es)*, con la que no solo promociona, sino que también abre nuevos mercados para 602 empresas agroalimentarias, de productos gastronómicos y restaurantes. Bajo una etiqueta común se presentan aceites, vinos, quesos, embutidos, carnes, pescados, miel, frutas, verduras, helados, pasteles... que han marcado la gastronomía de la zona. Entre su larga lista destacan los quesos de leche de cabra malagueña y la carne de chivo lechal de esta raza autóctona; la aceituna aloreña, la única con denominación de origen, o las pasas de la uva moscatel.

El proyecto no cuenta con tiendas propias, pero sus productos se venden en muchos establecimientos con el distintivo Sabor a Málaga. Además, todos los años se celebra el Gran Mercado Sabor a Málaga en diciembre en la plaza de la Marina y en el paseo del Parque. Una oportunidad para conocer y degustar muchas de estas exquisiteces.

CALLEJEANDO

Mercadillo La Chistera Soho
La calle Tomás Heredia, una de las vías peatonales del Soho, se transforma el cuarto domingo de cada mes *(11.00-19.00)* gracias a la creatividad de los 57 artesanos andaluces que participan en este variopinto y atractivo mercadillo urbano.

Pedaleando
La bicicleta eléctrica es un cómodo medio para un primer contacto con la ciudad. La empresa ebike Málaga *(ebikemalaga.es; 10.00-19.00 lu-do)* organiza paseos de dos horas con guía en grupos de dos a ocho personas. Recorren el paseo marítimo, algunas calles del centro y llegan hasta Gibralfaro.

Circuito gastronómico
La cocina es uno de los fuertes de la capital de la Costa del Sol y los tours que organiza Spain Food Sherpas *(spainfoodsherpas.com)* ayudan a disfrutar de una experiencia completa, con almuerzo o cena incluidos. Ofrece un paseo de tres horas por mercados de abastos, tiendas de ultramarinos y bares que finaliza en un restaurante.

un lagar, una taberna, una fragua o los salones de una casa burguesa. Abierto en 1976 por la Fundación Unicaja, este es el museo privado más antiguo de la ciudad.

Museo del Vidrio y Cristal
MUSEO Y ARQUITECTURA

PLANO: 6 P. 79 **C1**

La **antigua posada de San Felipe Neri** *(museovidrioycristalmalaga.com; 5-7 €)*, construida en torno a un patio en el s. XVIII, acoge a los huéspedes más frágiles posibles: más de 4000 piezas de vidrio y cristal. Se trata de la colección privada de Gonzalo Fernández-Prieto e incluye piezas desde el antiguo Egipto hasta hoy. Objetos fenicios, persas, medievales, salidos de los hornos de La Granja o de la Bauhaus que pueden admirarse arropados por pinturas y mobiliario del s. XIX. La colección de pájaros de cristal del finlandés Oiva Toikka da la bienvenida al visitante a través de un patio porticado.

Iglesia de los Santos Mártires
IGLESIA

PLANO: 7 P. 79 **C2**

Es otra de las **parroquias gótico-mudéjares** *(952 212 724)* que mandaron construir los Reyes Católicos a principios del s. XVI. Según la tradición, fueron estos monarcas quienes decidieron recuperar el culto a los mártires locales Ciriaco y Paula, actuales patronos de Málaga. El interior, remodelado en el s. XVIII, está considerado el mejor ejemplo de arquitectura rococó de la ciudad y cuenta con un altar neobarroco del imaginero malagueño Pedro Pérez Hidalgo. La iglesia conserva su torre mudéjar.

Iglesia del Santo Cristo de la Salud

IGLESIA

PLANO: 8 P. 79 C3

Esta **iglesia jesuita barroca** del s. XVII, encajonada en una estrecha calle entre la Escuela de San Telmo y el Museo Thyssen, sorprende al traspasar su umbral por su planta octogonal y su armónica cúpula de media naranja decorada con pinturas. El templo se ha mantenido sin añadidos y transmite una gran serenidad. La talla de Jesús prendido a la columna que preside su altar mayor es de 1633, obra de José Micael y Alfaro. Además, en uno de los altares se encuentra la imagen procesional del Cristo coronado de espinas de la cofradía de los Estudiantes.

Teatro Soho

TEATRO

PLANO: 9 P. 79 C5

El **Teatro Soho CaixaBank** *(teatrodelsoho.com)* es un proyecto de Antonio Banderas, el actor, director y productor más internacional de Málaga. Inaugurado en noviembre del 2019 con el musical *A Chorus Line,* el espacio, levantado por Banderas sin apoyos institucionales, impulsa la creación escénica y se ubica en el mismo solar que desde 1961 ocupó el Teatro Alameda. La sala, con 840 localidades, programa teatro, danza, circo, conciertos y musicales. Una gran obra del artista malagueño José Luis Puche, *Todos los mundos posibles,* da la bienvenida al espectador en el vestíbulo. El espacio acoge también el ciclo **Flamenco en el Soho,** con actuaciones de los grandes del género entre marzo y julio.

Sala Fundación Unicaja María Cristina

AUDITORIO

PLANO: 10 P. 79 C1

La Fundación Unicaja rehabilitó el antiguo **Real Conservatorio María Cristina** *(fundacionunicaja.com),* un edificio construido en 1871 para albergar el Liceo de Málaga y que con el cambio de siglo se usó como conservatorio hasta 1971. Desde el 2009 funciona como auditorio, con un aforo de 364 espectadores, que programa conciertos, teatro y galas, además de conferencias y presentaciones. La sala conserva la portada barroca de mármol del palacio de Valdecañas y un torreón gótico-mudéjar del monasterio franciscano que ocupó el solar anteriormente. Además de la elegante sala de conciertos, decorada con pinturas de Joaquín Martínez de la Vega y José Nogales, los salones Mudéjar y de los Espejos trasladan al público al s. XIX. El viaje en el tiempo se alarga con las visitas teatralizadas en las que cobran vida, cantan y danzan los personajes que desfilaron por su escenario y sus salones, como Ravel, Rubinstein o Eugenia de Montijo *(pases un día al mes, las entradas son gratuitas y se reservan en su web).*

Taller Gravura

ARTE

PLANO: 11 P. 79 **B3**

Paco Aguilar, el artista y grabador que fundó en 1981 este taller-galería, aún está al frente del mismo, junto a Mariana Martín. Este es un espacio creativo de referencia en Málaga, tanto por los talleres como por las exposiciones temporales que organizan. La galería tiene obras de todos los artistas que han trabajado en el taller como Enrique Brinkmann, Francisco Peinado, Chema Lumbreras o Vargas-Machuca *(gravura.es; 11.00-14.00 y 17.30-20.30 lu-vi).*

La Fábrica Cervecería

MÚSICA EN DIRECTO

PLANO: 12 P. 79 **B5**

La primera **cervecería urbana de Cruzcampo** *(lafabricadecerveza.com; almuerzo y cena lu-do)* se instaló en Málaga en el 2018 en un local de 1200 m² con salida a dos calles en el que todos los días del año se puede comer a cualquier hora y degustar las variedades de cerveza artesanal que elaboran sus dos maestros cerveceros. A la oferta de este amplísimo establecimiento, con distintos ambientes, se suman los conciertos y una carta con especial atención a las carnes.

Hamman Al Ándalus

BALNEARIO

PLANO: 13 P. 79 **C2**

La tradición romana de las termas alcanzó su máxima sofisticación durante el período nazarí, cuando la ciudad pertenecía al Reino de Granada, y son esos **baños islámicos** *(hammamalandalus.com; desde 33 €)* los que inspiran el diseño de estas piscinas de aguas templada, caliente y fría, así como la sala de vapor. Esta propuesta de relax se puede completar con masajes y otros tratamientos.

The Pharmacy

COCTELERÍA

PLANO: 14 P. 79 **B3**

Tras triunfar con el Speakeasy en Fuengirola, el coctelero Elías Bentolila abrió **The Pharmacy** *(656 487 919; 18.00-2.00 lu-do)* en el 2018, un lugar donde poder disfrutar de unas buenas copas en un ambiente relajado y rodeado de arte contemporáneo en el que se puede charlar de forma distendida. A finales del 2024 se han mudado a un nuevo espacio más amplio *(c. García Briz 1),* con dos plantas. The Pharmacy, con varios premios nacionales, es un punto de encuentro de artistas y actores.

Localizaciones en el plano de la p. 79

Lo mejor para...

€ Económico €€ Medio €€€ Alto

Comer

Pescado y marisco

Cávala €€€

15 B5

Este restaurante apuesta por los productos del mar, algo que se refleja también en su diseño a base de olas de láminas de madera, del arquitecto malagueño Miguel Seguí. El chef Miguel Ángel Mayor ofrece dos menús degustación (Presagios, 70 €, y Recuerdos, 95 €) preparados a la vista. En el 2024 ha recibido un Sol en la Guía Repsol y una mención en la Michelin. *628 021 363; almuerzo y cena ju-lu*

Los Mellizos €€

16 C4

La familia Montes lleva más de cuatro décadas sirviendo pescado y marisco. Este local, el último de los ocho que tiene repartidos por la Costa del Sol, además de sus famosas frituras, ofrece arroces, conchas finas, bolos, búsanos o navajas. Es famosa su parrillada de mariscos (98 €/2 personas). El restaurante, amplio y con terraza, tiene también barra para tapear. *losmellizos.net; almuerzo y cena lu-do*

Casa Vicente €

17 C4

Muy pocos saben dónde se encuentra Casa Vicente *(c. Comisario 2-6-8)*. Y es que este restaurante, abierto en 1960, se conoce como El Callejón de las Gambitas y son muchos los transeúntes que sucumben a él solo por el olor que emana de su cocina. Además de las gambas a la plancha, sirven *pescaíto* frito, almejas, navajas... en las mesas de la estrecha calle, convertida en su comedor. *Almuerzo y cena lu-do*

Mediterránea de fusión

Tragatá Málaga €€€

18 C5

El nombre de Benito Gómez es sinónimo de calidad, como demuestran las dos estrellas Michelin que tiene en su restaurante Bardal de Ronda. El chef ha abierto en el edificio La Equitativa un espacio menos formal, en el que se pueden compartir platos, pero con el mismo nivel de exigencia. Propuestas imaginativas y deliciosas con un servicio impecable. Conviene reservar. *tragata.com; almuerzo y cena ma-sa*

Tercer Acto €€

19 C5

Alabastro traslúcido, madera y espejos aportan una calidez especial a este local creado por Antonio Banderas junto a su Teatro Soho. Un espacio clásico y elegante que cuenta con una terraza arropada por plantas para amortiguar el tráfico rodado. Ofrece una carta breve con mucho *sushi* y destacados como la lubina con crocanti de pistacho y ajoblanco de manzana o el tartar de pez limón con huevo frito. Sirven un menú por 18 € los almuerzos de los días laborables. Mejor reservar. *grupoterceracto.com; almuerzo y cena lu-do*

NO-VO €€

20 A6

El proyecto de Óleo, el restaurante ubicado en el CAC que tantos éxitos ha cosechado, continúa en un nuevo local más íntimo y sigue apostando por la fusión. A la cocina mediterránea de Sergio del Río y al sofisticado *sushi* de Rui da Mata se ha unido en NO-VO otro gran *sushiman*, Guillermo Torralbo. El resultado es una agradable sorpresa. *novorestaurante.es; almuerzo y cena lu-sa may-15 sep; almuerzo y cena ma-sa, almuerzo lu y do*

La Antxoeta €€€

21 C6

El chef Pablo Caballero es el alma de este pequeño y urbano restaurante que ofrece una carta corta pero interesante, si bien con raciones algo escasas. Destacan las vieiras con crema de guisantes, la merluza en salsa de almendras o sus famosos canelones de Maruchi. Imprescindible reservar. *antxoeta.com; almuerzo y cena ma-sa*

Andaluza y malagueña

CB-23 €€

22 B6

La cocina de raíces malagueñas de Álvaro Olea, el que fuera chef de la Antigua Casa de Botes, puede degustarse en este moderno y luminoso restaurante del Soho en el que todo huele a mar. Los arroces, como el de hierbabuena y boquerones al limón o el negro con jibia, destacan en una carta con propuestas tan interesantes como los torreznos de morena. Tiene terraza. *687 814 422; almuerzo y cena mi-do; almuerzo ma*

Mesón Antonio €€

23 C3

Escondido en un callejón de la calle Nueva, este mesón-asador es un clásico de la cocina andaluza desde 1979, aunque también ofrece una amplia selección de carnes. Son famosos su ensalada de bacalao y naranja, la porra antequerana o los boquerones fritos. La cocina no cierra y cuenta con una terraza en la que disfrutar de la sobremesa. *mesonantonio.com; almuerzo y cena ma-sa*

Solera Soho €€

24 C5

Con una ubicación envidiable frente al puerto, una buena terraza y un servicio muy atento, este restaurante especializado en arroces abrió a finales del 2024. En su carta no falta el *pescaíto* frito ni los platos de cuchara, como el gazpachuelo o el ajoblanco. Un buen lugar para probar las famosas conchas finas malagueñas o los bolos. *solerasoho.com; almuerzo y cena lu-do*

Vegana

MIMO Vegan €€

25 B6

Todo lo que sirven en este restaurante es ecológico, procedente de las huertas del cercano pueblo de Coín. Regentado por una familia polaca, elaboran su carta con productos de temporada, sin azúcares añadidos y libres de gluten. Su propuesta se complementa con cervezas artesanales, zumos y pasteles. *638 135 970; almuerzo y cena lu-do*

Beber

Bodega

Antigua Casa de Guardia

26 B5

Nadie debería irse de Málaga sin visitar este templo del vino fundado en 1840. La Antigua Casa de Guardia, en un edificio neoclásico del s. XVIII, es la bodega más antigua de la ciudad. Sus barricas guardan la historia de las uvas que se crían en la Axarquía malagueña. Ante su mostrador de madera se mezclan vecinos y foráneos para disfrutar de alguno de sus nueve vinos dulces y tres secos. El pajarete, el moscatel y el Pedro Ximénez son los más populares. Además, hay un mostrador con marisco para picotear. *antiguacasadeguardia.com; 11.30-22.00 lu-ju, 11.30-22.45 vi y sa, 11.30-15.00 do*

Bar

Vinoteca Bouquet

27 B5

Se trata de un espacio agradable para los amantes del vino centrado en pequeñas bodegas familiares de toda España. Un sumiller aconseja sobre las catas y las cenas con maridaje que se organizan a la carta. El vino se puede acompañar con su selección de embutidos y quesos. Cuenta también con una terraza en una de las vías más bellas de la ciudad. *610 721 734; 13.00-24.00 lu-sa*

Mesón Lo Güeno

28 C4

La jibia (sepia o choco) en salsa es una de las tapas estrella de este bar en la c. Marín García 9 con una buena barra en la que acodarse, el techo cubierto de jamones y parroquianos dicharacheros. Es conocido por sus platos contundentes (callos o judiones), que aquí se pueden degustar en formato tapa. Tienen otro local en la calle Strachan 12. *logueno.es; 12.00-24.00 lu-do*

Cafetería

Casa Aranda

29 B4

A diario salen de sus freidoras cientos de ruedas de crujientes churros que sus 14 camareros distribuyen a la velocidad del rayo en el más antiguo de los locales de Casa Aranda, abierto en 1932 en la calle Herrería. La cafetería tiene mesas a ambos lados de la calle. Hay otros tres Arandas en el centro, en las calles Alhóndiga 1, Santos 6 y Herrería del Rey 2. *casa-aranda.net; 8.00-13.45 y 16.30-20.15 lu-do*

Cócteles y terrazas

La Terraza de Valeria

30 C5

El 5° piso del Hotel Room Mate Valeria es una de las terrazas más codiciadas. Con una imponente vista panorámica, aumentada gracias a su barandilla de cristal, que abarca desde la Alcazaba hasta las grúas del puerto y con el mar enfrente, esta terraza está concurrida todo el año. *room-matehotels.com/es/hotel-valeria-malaga/terraza-valeria-malaga/; 11.00-24.00 do-ju, 11.00-2.00 vi y sa; 11.00-2.00 lu-do 21 jun-23 sep*

La Séptima

31 C5

La Equitativa, un edificio racionalista de 1956 que emula los rascacielos neoyorquinos, es uno de los hitos arquitectónicos del centro. Cerrado desde 1998, ha vuelto a la vida convertido en sede de dos hoteles: Only You y Soho Boutique Equitativa con una agradable terraza, La Séptima. Y esa es la planta en la que se encuentra. *la7equitativa.com; 14.00-23.00 do-ju, 14.00-2.00 vi y sa*

Lolita

véase **31** **C5**

Fantástica atalaya en La Equitativa, en el 8° piso del hotel Only You, para dominar la plaza de la Marina, el puerto y la concurrida calle Larios. Esta cafetería, con cócteles y copas, tiene una hermana mayor: Lola *(almuerzo y cena vi-do, cena ju)*, el restaurante de la 7ª planta, con cocina mediterránea creativa y una terraza exterior. *onlyyouhotels.com; 11.00-22.00 lu-do, 11.00-1.00 lu-do jun-sep*

Café de Estraperlo

32 **C5**

En este animado café se sirven desayunos y copas (tiene una pequeña terraza), siempre hay música y alguna exposición. Frecuentado por artistas y escritores, podrían estar el arquitecto José Ignacio Díaz Pardo o el pintor Diego Santos dibujando con tizas en sus paredes de cemento. *10.00-24.00 lu-ju, 10.00-2.00 vi y 16.00-24.00 sa; 14.00-24.00 lu-ju, 14.00-2.00 vi y 16.00-24.00 sa jul y ago*

Le Rooftop Bar

33 **B5**

En la acogedora terraza del Mariposa Hotel Málaga se puede disfrutar desde un café hasta un cóctel. Aunque sus vistas no son espectaculares, el ambiente es agradable y está decorado con coloristas esculturas. Música en directo ocasional. *mariposahm.com; 15.30-23.30 mi-sa, 15.30-22.00 ma y do oct-abr, 16.00-1.00 lu-do may-sep*

Social Club

34 **B6**

En apenas unos meses de funcionamiento Social Club se ha convertido en espacio clave para el tardeo, esas copas que se toman después del almuerzo y se alargan a veces hasta que cae la noche. Es un local amplio con predilección por la música de los años ochenta y programa actuaciones en directo. *socialclubsoho.es; 15.15-2.00 do, mi y ju, 15.15-3.00 vi y sa*

Taberna

Las Merchanas

35 **C2**

Taberna cofrade ubicada en una antigua carbonería en la que huele a incienso todo el año; sus paredes están recubiertas de imágenes y objetos de la Semana Santa. Un pasaje junto a la taberna hace las veces de comedor, con toneles de vino como mesas. Son famosos su caldillo de pintarroja, el solomillo al moscatel y la ensaladilla rusa. *651 448 843; 12.00-24.00 mi-do, 13.00-16.30 y 20.00-24.00 ma*

Comprar

Alimentación

Helados Casa Mira

36 **C2**

En 1890 la familia Mira llegó de Jijona cargada con sus recetas de helados y turrones tradicionales y fundó Los Valencianos, aunque después optaron por su apellido para nombrar el negocio. El local de la calle Andrés Pérez es uno de los cinco que la cuarta generación Mira tiene en la ciudad para disfrutar de especialidades como el blanco y negro (café granizado con helado de mantecado o nata) o su helado de turrón. La tienda de calle Larios 5 *(952 223 069)* es la más concurrida. *fernandomira.es; 14.30-20.30 lu-do*

La Mallorquina

37 B4

Abierta en 1943, esta tienda de ultramarinos es un referente en el comercio tradicional. Con especial atención a los productos malagueños, disponen de quesos, jamón ibérico, conservas, vinos y barricas de arencas, unas sardinas en salazón heredadas de la Malaca romana. *952 213 352; 9.00-14.00 y 17.30-20.30 lu,ma, ju y vi, 9.00-14.00 mi y sa; cerrado tardes jul-15 sep*

Antigüedades y Artesanía

La Casa del Cardenal

38 B2

Deambular por la planta baja de esta casa del s. XVII de la antigua judería convertida en anticuario es un regalo para la vista. Sus amplias estancias, incluido el patio, están llenas de maravillosos objetos de entre el s. XVII y principios del s. XX. Hay muebles, pintura, escultura, cerámica, arte sacro y joyas. *lacasadelcardenal.com; 10.30-14.00 y 17.30-20.30 lu-vi, 10.30-14.00 sa sep-jun, 10.30-14.00 lu-sa jul-ago*

Ceylan

39 C4

En verano, cuando sopla el terral (un viento cálido y seco que suele durar tres días), el abanico se convierte en un complemento indispensable. En Celyan los venden desde 1958 y los tienen para todos los bolsillos. También cuenta con modelos de caballero, así como mantones de Manila, sombreros y complementos para ceremonias. *celyan.es; 10.00-14.30 y 17.00-20.00 lu-sa*

Libros

Mapas y Compañía

40 B3

Esta bonita librería es ideal para comenzar un viaje. Especializada en cartografía, guías y narrativa de viaje, en sus estanterías puede encontrarse de todo, hasta libros de gastronomía. Los niños tienen un rincón especial con libros, globos terráqueos, juguetes y objetos que también cautivan a los mayores. *mapasycia.es; 10.00-13.30 y 17.30-20.30 lu-vi, 10.00-14.00 sa jun-sep, 10.00-13.30 y 17.00-20.00 lu-vi, 10.00-14.00 sa oct-may*

Comic Stores

41 C5

En este establecimiento aguardan nada menos que 400 m² repletos de cómics, manga, juegos de rol, de tablero, juguetes, camisetas, barajas y hasta joyas inspiradas en los grandes protagonistas de la historia del cómic y del manga. Un universo donde perderse durante un buen rato, con todo encapsulado en su correspondiente bolsa de plástico como siempre hacen en este tipo de negocios. *comicstores.es; 10.00-21.00 lu-sa*

Sugerencias de lugares para comer y beber en **p. 102**

Explora
Muelle Uno y La Malagueta

A Málaga todo le ha llegado a través de su puerto, y la ciudad, acostumbrada a recibir gentes de todo el mundo, presume de su carácter abierto y cosmopolita. Después de siglos acogiendo a otras culturas, aquí nadie se asusta de nada. El que llega puede integrarse o seguir haciendo su vida como en casa, el malagueño es transigente y siempre está dispuesto a acercarse al otro.

Esa vocación de raíz marinera se percibe aún más en los terrenos ganados al mar que han embellecido la ciudad: el Parque, con su flora exótica, la Alameda Principal, con su imponente caserío del s. XIX inspirado en la arquitectura francesa, y el Muelle Uno, la última arteria que se ha convertido en un gran salón urbano.

Cómo desplazarse

Autobús

Las líneas C1, C2, 1, 3, 4, 5, 8, 11, 14, 19, 25, 32, 33, 34, 35, 36 y 37 recorren el paseo del Parque. También circulan por el paseo de Reding los nº 3, 11, 32, 33, 34 y 35. Para llegar al paseo de la Farola se puede tomar el 14 o el 40.

LO MEJOR

REMANSO DE PAZ
Parque de Málaga (p. 92)

ZONA DE COMPRAS Y PASEO
Muelle Uno (p. 93)

ARTE CONTEMPORÁNEO
Centre Pompidou (p. 99)

VIAJE AL PASADO
Cementerio Inglés (p. 99)

Centre Pompidou desde el interior (p. 99).

★ IMPRESCINDIBLE

El Parque y el Muelle Uno

El benigno clima de Málaga la convierte en escenario ideal para la vida al aire libre. El centenario Parque, con especies exóticas de todo el mundo, es uno de los lugares más bellos del centro. Junto a este jardín se encuentra la última gran operación urbanística de la ciudad: la ampliación del puerto y el Muelle Uno, que le ha aportado a la capital de la Costa del Sol un moderno paseo con vistas al mar.

PLANO: P. 98 **A3** y **A4**

CONSEJO
El auditorio Eduardo Ocón acoge conciertos, teatro o espectáculos de danza, casi siempre gratis hasta completar el aforo. Consúltese la programación en la web del Ayuntamiento *(cultura.malaga.eu)*.

Terrenos ganados al mar

Los interesados en la historia aún pueden contemplar las **murallas del antiguo puerto nazarí** del s. XV y las que se levantaban en el s. XVIII en el aparcamiento de la plaza de la Marina. Hay que bajar al aparcamiento para admirarlas (mejor por la entrada peatonal de Marqués de Larios o por la escalera que abraza a la fuente desde la plaza). La ampliación del puerto comienza en 1876 con un proyecto del ingeniero Rafael Yagüe para ganar terreno al mar y dotar a la ciudad de un gran jardín botánico. El proyecto se inspira en una ley de 1896 impulsada por el político malagueño Antonio Cánovas del Castillo, entonces presidente del Consejo de Ministros. El jardín tropical y subtropical, que ocupa 3,3 Ha entre las plazas de la Marina y del General Torrijos, sigue un diseño de Joaquín de Rucoba y se plantó entre 1899 y 1921.

Especies de los cinco continentes

En el **Parque de Málaga** (foto p. 93) crecen más de 300 especies botánicas procedentes de los cinco continentes que se han adaptado perfectamente al clima mediterráneo de la ciudad, con una temperatura media anual de 20 ºC, una de las más cálidas de Europa. El jardín se extiende hacia el sur de una arteria principal de la ciudad flanqueada por

MARCO TALIANI DE MARCHIO/SHUTTERSTOCK ©

palmeras, el paseo del Parque, y ofrece un refugio en pleno centro donde escapar del ajetreo urbano y admirar la araucaria, el drago, el palo borracho o el árbol del fuego australiano. Además, hay fuentes y monumentos dedicados a malagueños ilustres intercalados con algún quiosco para tomar algo a la sombra. En el escenario al aire libre del auditorio Eduardo Ocón, uno de los hitos del Parque, se programan espectáculos y conciertos, casi siempre con entrada gratuita.

Escanea este código QR para más información sobre el Muelle Uno.

Muelle Uno

Este gran centro comercial que mira al mar de frente y tiene como telón de fondo el frondoso Parque de Málaga es la 'recepción' con la que se encuentran los 500 000 cruceristas que cada año llegan al puerto. El **Muelle Uno** *(muelleuno.com),*

UNA PAUSA

En el Parque, frente a la entrada principal del puerto, hay una parada de coches de caballos que ofrecen un recorrido de unos 35 min por el Parque y La Malagueta *(30 € para un máximo 4 personas)*. El Ayuntamiento tiene previsto suprimir los coches de caballos en el 2025, así que puede ser el último año para conocer la ciudad al trote. Al cierre de esta guía aún funcionaban.

inaugurado en el 2011 tras una inversión de 80 millones de euros, se ha convertido en el paseo favorito de los malagueños, una suerte de prolongación de la calle Marqués de Larios y de la Alameda. El espacio, al que se llega a través del sinuoso Palmeral de las Sorpresas, con 408 palmeras, alberga unos 30 restaurantes y cafeterías y más de una veintena de tiendas.

Arte y ocio

El cubo mondrianino del **Centre Pompidou** (p. 99) es el gran polo de atracción artística del Muelle, en el que también merece la pena admirar la pequeña capilla del puerto, del s. XVIII, y la famosa Farola, el faro del puerto, de 38 m de altura, construida en 1817 y convertida en uno de los iconos de la ciudad. Junto a la de Santa Cruz de Tenerife, son los únicos faros españoles con nombre femenino.

Surcando la bahía

En el muelle, muy cerca del Pompidou, atracan tres compañías que ofrecen paseos en barco por la bahía. **Mundo Marino** *(mundomarino.es; 9-45 €)*

MESAS PARA GRANDES OCASIONES

El chef José Carlos García (PLANO: 7 P. 98 **A4**; *restaurantejcg.com; almuerzo y cena ma-sa*) trabaja con la vista puesta en el mar, y esto es literal porque su restaurante se ubica en el puerto y su principal materia prima sale del Mediterráneo. Fue el primero en Málaga capital con una estrella Michelin, reconocimiento que mantiene desde hace más de dos décadas en un espacio de aspecto fabril y detalles sofisticados. En una callejuela escondida, en la judería malagueña, Dani Carnero tiene otra estrella que ha conquistado en Kaleja (PLANO: 8 P. 98 **A3**; *restaurantekaleja.com; almuerzo y cena ma-sa*) gracias a su arraigo a los productos de la tierra y al ritmo pausado de sus fogones. También ostenta este reconocimiento el argentino Emi Schobert en Blossom (PLANO: 42 P. 56 **C6**; *blossommalaga.com; almuerzo y cena ju-lu*). Tres lugares para las grandes ocasiones.

VITALII BILIAK/SHUTTERSTOCK ©

navega en dos grandes catamaranes que dan la vuelta a la bahía en una hora, zarpan para ver la puesta de sol a bordo o hacen rutas de tres horas con parada para baño en la cala del Rincón de la Victoria y almuerzo *(may-sep 12.00)*. También **Fly Blue Cruceros** *(fly-blue.es; 10-15 €)* ofrece paseos en catamarán de una hora durante todo el año; al igual que **City Sightseeing** con sus barcos rojos como sus autobuses *(city-sightseeing-spain.com; 8-12 €)*.

Escanea este código QR para más información sobre el Parque de Málaga.

CIRCUITO A PIE

Las dos caras de La Malagueta

El barrio de La Malagueta, con su plaza de toros como epicentro, se desdobla en dos universos muy distintos. Por un lado está el paseo de Reding que conserva el espíritu del vecindario con sus pequeñas tiendas y bares locales; por otro, la zona del paseo marítimo, que atrae a turistas y a una población más pasajera. El arquitecto, escritor y especialista en arte José Ignacio Díaz Pardo, vecino de La Malagueta, nos guía en este paseo.

INICIO	FINAL	DURACIÓN
Plaza de Toros La Malagueta	La Farola	1,8 km; 1-2 h

1 Un olé para la cultura

El punto de partida es la **Cafetería Flor** *(951 381 404; 7.00-23.00)*, con su amplia terraza siempre llena de gente del barrio, justo al lado de la **plaza de toros de La Malagueta** (p. 100). Además de faenas taurinas, en este coso se organizan conciertos y acoge interesantes exposiciones y conferencias en el **Centro Cultural La Malagueta** (p. 99).

2 De tiendas por el paseo de Reding

De buena mañana y con la cesta de la compra en la mano, merece la pena visitar la **Confitería Aparicio** *(952 603 735)*, que desde 1941 endulza la vida del vecindario con sus carlitos, un pastel de hojaldre y café, o entrar en **La Manzana de Oro** *(952 215 495)*, un ultramarinos abierto en 1950, premiado por ofrecer el mayor surtido de vinos de Málaga: 50 referencias.

3 Un plato de gazpachuelo

La siguiente parada es **El Refectorium Malagueta** (p. 102), un restaurante donde reina la cocina tradicional malagueña y su plato estrella es el gazpachuelo. Hay que llegar pronto o reservar porque siempre está lleno. Una buena alternativa, más sencilla e informal, es el bar **Desayunos Malagueta** *(952 229 617; lu-vi desayunos y almuerzos)*, famoso por sus bocadillos de lomo en manteca y el *pescaíto* frito.

4 La tertulia de Rafael Pérez Estrada

El poeta Rafael Pérez Estrada (Málaga 1934-2000), vecino del barrio, se reunía con sus amigos los miércoles en el restaurante **Bilmore** (p. 102), tertulia que también frecuentaba Díaz Pardo. El poeta vivía en el paseo marítimo Pablo Ruiz Picasso, donde La Malagueta va perdiendo su carácter de barrio y se transforma en una sucesión de chiringuitos y terrazas frecuentados por visitantes.

5 Al encuentro con el mar

La gastroteca **Can Emma** (p. 103) es otro de los rincones secretos de los vecinos, siempre repleto a la hora del almuerzo con sus imaginativos y asequibles menús. Y adentrándose ya en la otra Malagueta, la que ha perdido su espíritu de barrio, nos encontramos con **El Gallo Rojo** *(952 227 591)*, un lugar muy frecuentado por solteros y divorciados que buscan pareja.

6 La Farola

Al tomar el paseo que corre paralelo al mar se observa el monumento a Jorge Guillén, quien vivió muchos años en el edificio Mendiru, en la calle Pintor Martínez Virel, y era vecino de Dámaso Alonso. Un inmueble al que llamaban, en broma, la Real Academia en Málaga. El viajero puede ahora enfilar el paseo marítimo dejándose acariciar por la brisa y llegar hasta la Farola, la reina de la bahía.

A
B
C
D
E
F
1
2
3
4
Jardín de los Monos
C. Ferrándiz
C. Pinosol
C. Lagunillas
LA VICTORIA
C. Victoria
Parque forestal de Gibralfaro
C. Mundo Nuevo
MONTE DE GIBRALFARO
Camino Gibralfaro
CAMPOS ELISEOS
C. Alcazabilla
Alcazaba
MUCAC La Coracha
Paseo Reding
Centro Cultural La Malagueta
Plaza de Toros y Centro de Interpretación La Malagueta
Av. de Cervantes
Paseo del Parque
Paseo de los Curas
Parque de Málaga
Centre Pompidou Málaga
La Alegría
C. Maestranza
C. Arenal
C. Keromnes
Paseo de la Farola
C. San Nicolás
Pso. Mtro. Ciudad de Melilla
LA MALAGUETA
Playa de La Malagueta
Puerto de Málaga
Paseo del Muelle Uno
CAÑADA DE LOS INGLESES
Cementerio Inglés de Málaga
Av. Pries
Paseo de Calvo Soltelo
Paseo Salvador Rueda
C. S. de Grazalema
C. Mimosas
Camino del Monte
MONTE SANCHA
C. Salvador Rueda
C. Rep. Argentina
Paseo Limonar
Paseo de Miramar
C. San Vicente de Paul
EL LIMONAR
LA CALETA
Paseo de Sancha
Paseo Marítimo Pablo Ruiz Picasso
Av. del Pintor Joaquín Sorolla
Playa de la Caleta
Espigón de la T
Mar Mediterráneo
HACIENDA MIRAMAR
C. Ramos Carrión
C. Miguel Induráin
C. Federico Fellini
C. Enrico Toselli
EL ROCÍO
LA TORRECILLA
C. Marcos de Obregón
1
2
3
4
5
6
7
8
9
10
11
12
13
14
15
16
17
18
19
Más información
Imprescindible p. 92
Experiencias p. 99
Comer p. 102
Beber p. 103
N
0
200 m

Centre Pompidou Málaga MUSEO

PLANO: 1 P. 98 **B3**

El prestigioso Centre Pompidou de París eligió Málaga para iniciar su aventura internacional y en el 2015 inauguró esta **primera filial** *(centrepompidou-malaga.eu; 4-9 €)*. Bajo un gran cubo de vidrio que el artista francés Daniel Buren ha vestido de llamativos colores, pueden admirarse las obras de las vanguardias del s. XX de su colección semipermanente. Además, Matisse, Brancusi, Dubuffet, Julio González o Miró han protagonizado algunas de sus exposiciones temporales. El centro tiene un programa de artes vivas, música y danza, y cuenta con un espacio dedicado al público infantil y de acceso gratuito; edad variable según la propuesta de cada artista.

Cementerio Inglés CEMENTERIO HISTÓRICO

PLANO: 2 P. 98 **C2**

Málaga, ciudad cosmopolita, fue la primera en España en contar con un **cementerio protestante** *(cementerioinglesmalaga.org; 4-5 €)*, en 1831, gracias al cónsul inglés William Mark, quien se horrorizó con la forma en la que se enterraba a los no católicos: en la orilla de la playa a merced de las olas. Mark consiguió un terreno que miraba al mar y allí, en 1891, se levantó la primera iglesia anglicana del país. Además de monumentos funerarios y tumbas de escritores famosos, como Gerald Brenan y su esposa Gamel Woolsey, el poeta Jorge Guillén o el dramaturgo Miguel Romero Esteo, el camposanto alberga un jardín botánico. Una fundación vela por su mantenimiento y organiza visitas guiadas.

MUCAC La Coracha MUSEO

PLANO: 3 P. 98 **B2**

Lo que hasta el 2024 ha sido el Museo del Patrimonio Municipal de Málaga (MUPAM) se ha convertido en una de las dos sedes de un nuevo proyecto municipal: el **Museo Centro de Arte Contemporáneo (MUCAC)** de Málaga; la otra es Mayoristas, antes el Centro de Arte Contemporáneo. MUCAC La Coracha *(951 928 710, paseo de Reding 1, 10.00-20.00)* abrió sus puertas en abril del 2025 con la muestra *Ayer. Colección 1940-1980,* comisariada por Salvador Nadales a partir de las 10 000 obras de la colección municipal de arte. La Coracha, que presta especial atención a los artistas locales y a la fotografía contemporánea, organiza exposiciones temporales centradas en temas de género y ecología. Tras su apertura, el MUCAC será gratuito durante el 2025.

Centro Cultural La Malagueta CENTRO CULTURAL

PLANO: 4 P. 98 **B3**

Este dinámico **centro** *(cclamalagueta.com)*, gestionado por la Diputación de Málaga, está ubicado en dependencias de la plaza de toros La Malagueta y cuenta con dos espacios expositivos. Las salas Puerta 9 y Smart Gallery acogen exposiciones temporales de fotografía, mientras que las conferencias y las charlas se organizan en las salas 001 y 002 *(acceso por c. Cervantes 6)*; la programación puede consultarse en su web.

La Malagueta

PLAZA DE TOROS, CENTRO DE INTERPRETACIÓN

PLANO: 5 P. 98 **B3**

Inaugurada en 1876 con una corrida en la que participó el maestro Rafael Molina Lagartijo, la **plaza de toros de La Malagueta** *(plazadetoroslamalagueta.com)* es obra del arquitecto Joaquín de Rucoba, quien también proyectó el mercado de Atarazanas. El coso, de estilo neomudéjar, tiene capacidad para 9032 espectadores y un ruedo de 52 m de diámetro. Con su remodelación (2017-2019), la plaza recuperó la fachada de ladrillo original y se crearon espacios expositivos y de congresos. Los festejos taurinos se celebran en la Feria de Agosto y en Semana Santa. La plaza acoge también conciertos y espectáculos flamencos. Desde marzo del 2025 la plaza cuenta con un **Centro de Experiencias Inmersivas de la Tauromaquia** *(lamalaguetatour.com; 7-14 €)*, que ofrece un recorrido con audioguía por todas las dependencias del conjunto y un museo en el que se explica la evolución del toreo.

La Alegría

FLAMENCO, RESTAURANTE

PLANO: 6 P. 98 **F1**

Este **tablao flamenco** *(flamencomalaga.com; adultos/menores 6 años 28 €/gratis)*, abierto en el 2021 con la experiencia del tablao granadino Jardines de Zoraya, programa a diario tres espectáculos de cante, baile y toque en una sala con capacidad para 100 espectadores, con las típicas sillas de enea y mesas pintadas de colores en las que se puede tomar algo durante la actuación. Los cuadros flamencos cambian cada semana. La Alegría es también restaurante y disfruta de una amplia terraza.

BIENAL DE ARTE FLAMENCO

Desde el 2005 y en años siempre impares, para no coincidir con la Bienal de Flamenco de Sevilla, Málaga se cita con el baile, el cante y el toque que organiza la Diputación Provincial en una treintena de municipios de la provincia, incluida la capital. La plaza de toros de La Malagueta es el escenario de las grandes producciones, aunque también participan otros espacios señeros como el teatro Cervantes, el castillo de Gibralfaro o un escenario al aire libre que se instala delante del teatro romano en la calle Alcazabilla. La cita suele ofrecer medio centenar de espectáculos, muchos de ellos estrenos, y se prolonga durante varios meses. La novena edición se celebra del 23 de mayo al 24 de agosto del 2025. *malagaenflamenco.com*

SEAN PAVONE/SHUTTERSTOCK ©

SUGERENCIAS

Lo mejor para...

Localizaciones en el plano de la **p. 98**

€ Económico €€ Medio €€€ Alto

Comer

Andaluza y malagueña

El Refectorium Malagueta €€€
9 B3
Fue pionero en su apuesta por la cocina clásica malagueña, con productos de temporada. Su propietario, Francisco Ramírez, tiene otro local más céntrico: El Refectorium Catedral *(almuerzo y cena ma-sa).* En sus cartas destacan los guisos tradicionales, las carnes y los pescados elaborados de forma sencilla para resaltar las cualidades del producto. *elrefectorium.es; almuerzo y cena ma-sa*

La Pérgola del Mediterráneo €€
10 A4
El actor, director y productor Antonio Banderas sigue ampliando su oferta gastronómica con este local frente al mar, dentro del Real Club Mediterráneo, junto a la Farola. En una ubicación maravillosa, con un amplio balcón desde el que se domina la bahía y se puede comer al aire libre casi todo el año, este restaurante abierto en el 2024 ofrece una carta centrada en los arroces y con muchos platos para compartir. *grupoterceracto.com; almuerzo y cena lu-do may-sep, almuerzo y cena ju-sa, almuerzo do-mi abr-oct*

La Odisea €€
11 A2
Este restaurante y despacho de vinos de Málaga ocupa una casa de 1750, la única que ha sobrevivido en el barrio que discurría por la coracha que unía el castillo de Gibralfaro con el desaparecido puerto andalusí. La Odisea, con su terraza con estupendas vistas y un acogedor patio trasero, es un restaurante familiar de cocina tradicional. *casadevinoslaodisea.com; almuerzo y cena lu-do*

Bilmore €
12 B3
Las frutas y verduras que entran en la cocina del Bilmore provienen de las huertas ecológicas de Periana y Almayate, en la comarca de la Axarquía. El restaurante, que durante años acogió la tertulia del poeta Rafael Pérez Estrada, tiene terraza y disfruta de una estupenda ubicación. *952 601 709; almuerzo y cena ju-sa, almuerzo do, ma y mi*

Internacional

Castillo Santa Catalina €€€
13 E2
El hotel Castillo Santa Catalina es un edificio de inspiración andalusí levantado en 1932 junto a las torres y la muralla de piedra que quedan de una fortaleza de 1624. El castillo, sobre el monte Miramar, formó parte de la defensa de la ciudad y ofrece impresionantes vistas de la bahía. Su restaurante, también cafetería y bar, permite disfrutar del jardín y las terrazas. Se recomienda reservar. *hotelcastillosantacatalina.com; almuerzo y cena lu-do*

Azafrán €

14 B3

En este espacioso restaurante, decorado con kilims de distintas zonas de Marruecos, se degustan generosas raciones de cuscús de cordero o los no menos tradicionales *pastelas* y tayines. La carta de este negocio familiar, bien atendido, incluye otros platos marroquíes que vale la pena probar; también vende para llevar. *marroquiazafran.com; almuerzo y cena mi-lu*

Mediterránea

La Taberna de Mike Palmer €€€

15 E1

Alejado del ruido, junto al Club Hípico El Pinar, Mike Palmer ha creado un oasis para paladares exigentes. Ofrece buena atención y platos originales, como las cebollas en panaché o el rabo de toro a la brasa. *latabernademikepalmer.com; almuerzo y cena vi-sa, almuerzo do, mi y ju*

Can Emma €

16 B3

El chef David Valero siempre tiene una original propuesta para sorprender a sus clientes y aprovechar lo que ofrece cada estación, como sus chipirones rellenos de sobrasada y manzana. Can Emma es un pequeño y agradable restaurante, con terraza cerca del mar y menú diario para almorzar. *952 225 583; almuerzo mi, ju y do; almuerzo y cena vi y sa*

Marisquería

Los Delfines €€

17 B4

Todo un clásico para disfrutar de algo tan malagueño como las conchas finas (crudas con unas gotitas de limón), las navajas, los búsanos o los bolos, esta marisquería abrió en 1970. El local, con una amplia terraza y muy buen servicio, es famoso también por su fritura de pescado. Conviene reservar. *marisquerialosdelfines.es; almuerzo y cena mi-sa, almuerzo do*

Beber

Terraza

Gran Hotel Miramar

18 C3

El Gran Hotel Miramar, un edificio regionalista de 1926 obra de Fernando Guerrero Strachan, luce esplendoroso frente a la playa de La Malagueta tras la reforma que le devolvió su uso hotelero en el 2016. Su terraza, Media Luna Chill Out, está abierta al público y es un espacio privilegiado para contemplar la puesta de sol. *granhotelmiramarmalaga.com; 16.00-24.00 do-ju, 16.00-1.00 vi y sa; 18.00-24.00 do-ju, 18.00-1.00 vi y sa jun-sep*

Casa Festín

19 D1

Buenos desayunos, almuerzos, aperitivos y muchas otras delicias en un espacio privilegiado con terraza: el bar del Colegio de Arquitectos de Málaga *(coamalaga.es)*, diseñado por Julio Cano Lasso y rodeado de un bonito jardín. Los viernes y sábados en verano abren también de 20.00 a 23.00. *638 341 099; 10.30-17.30 ma-vi, 13.00-18.00 sa*

CIRCUITO A PIE

Arquitectura del relax

Algunos de los arquitectos de la Escuela de Madrid que se sumaron al Movimiento Moderno e integraron la llamada Generación del 25 han dejado su huella en Málaga. El guía de este recorrido es el artista plástico e investigador Diego Santos, autor de publicaciones y exposiciones sobre la arquitectura y la historia moderna de Málaga y la Costa del Sol.

INICIO	FINAL	DURACIÓN
Avenida de Andalucía 19	Paseo de la Farola 16	3,6 km; 2,5-3 h

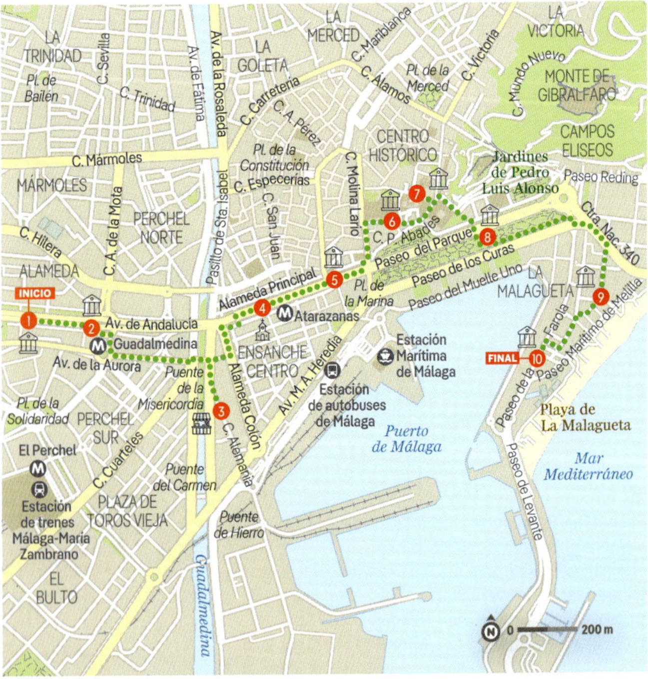

1 Edificio Gaudí

Aunque toma el nombre del arquitecto catalán, el Edificio Gaudí *(av. de Andalucía 19)* se acerca más al surrealismo que al modernismo en las formas blandas y orgánicas de los balcones de sus 13 pisos. En esta obra de 1977 del arquitecto Antonio García Garrido destaca el vestíbulo, una delirante mezcla de formas y materiales como el latón, la madera, el granito y los espejos.

2 Viviendas en la avenida de Andalucía

Obra de 1973 firmada por Antonio López Hernández y Francisco Estrada Moreno, el edificio de Viviendas de Obras Públicas *(av. de Andalucía 9)* juega con la estética de la era espacial de la década de 1960. Una torre prismática con balcones semicirculares que destacan gracias a una buena iluminación, realizados en hormigón bruto con una curiosa textura de cuerdas. Su entrada parece salida de la película *2001: Una odisea del espacio.*

3 Mercado de mayoristas

Fue el primer edificio del Movimiento Moderno que se protegió en Andalucía, en 1987. El mercado *(c. Alemania 6),* hoy sede del nuevo MUCAC Mayoristas (Museo Centro de Arte Contemporáneo, p. 80), es una construcción racionalista (1939-1943) de Luis Gutiérrez Soto. Consta de una curiosa planta de triángulo isósceles, rodeada por muelles de carga en zigzag que incluye guiños al *art déco* en la pequeña torre que lo corona y en su sinuosa entrada.

4 Stella Maris

La iglesia y convento de Santa María de Belén *(Stella Maris, Alameda Principal 29)* es una sobria construcción de ladrillo realizada entre 1961 y 1965 sobre un esqueleto de acero pintado en la que el arquitecto José María García de Paredes proyectó la regla de austeridad del promotor: la orden de los Carmelitas Descalzos. Criticada por algunos por su funcionalismo brutalista, la iglesia invita al recogimiento gracias a la luz que atraviesa sus alargadas vidrieras.

5 La Equitativa

Levantada frente al puerto en 1956, La Equitativa *(Alameda Principal 1)* forma parte del perfil más icónico de la ciudad. El edificio es obra de Manuel Cabanyés y Juan Jáuregui (autor del hotel Pez Espada de Torremolinos en 1959, emblema de la Costa del Sol y prototipo del estilo del relax). De estilo racionalista y con una torre neomudéjar rematada por un *yamur,* similar al alminar de una mezquita, el edificio luce como nuevo tras una remodelación integral completada en el 2021. Actualmente, alberga dos hoteles de lujo.

6 Garaje Catedral

Una gran curva compuesta por bandas horizontales de ladrillos y huecos acristalados que remite al expresionismo alemán de la arquitectura de Erich Mendelsohn define la fachada del Garaje Catedral *(c. Postigo de los Abades 4)*. Obra de José Luis Estévez en 1970, el edificio de ocho pisos que continúa en uso dialoga con una de las fachadas laterales de la catedral (p. 42) a pesar de su modernidad.

7 Edificio en la calle Cister

Las líneas de este inmueble que el arquitecto Antonio Palacios proyectó en la calle Cister (19) beben tanto del edificio del pionero del hormigón armado Auguste Perret en la parisina calle Franklin, de 1903, como del neomudéjar, con detalles que lo conectan con la vecina Alcazaba (p. 58). Esta obra, avanzadilla del "estilo del relax", hace esquina con la calle Alcazabilla con un elegante chaflán curvo.

8 Auditorio Eduardo Ocón

En el centro del parque de la Alameda, se yergue el gran arco parabólico diseñado por Eduardo Ramos Guerbos en 1960 para el auditorio Eduardo Ocón *(paseo del Parque)*, un trazo similar al del arco Gateway en San Luis (Misuri, EE UU). Sobre la lámina de hormigón que cubre el escenario de este auditorio al aire libre sobrevuela una bandada de gaviotas creada por el escultor Jaime Pimentel.

9 Edificio Melilla 31

Antonio Lamela proyectó el bloque de 16 plantas Melilla 31 (1967-1972) sobre los postulados del Movimiento Moderno en el barrio de La Malagueta, justo frente al mar. El edificio *(paseo marítimo Ciudad de Melilla 23)* está apoyado en pilotes escultóricos en hormigón bruto que recuerdan trabajos de Le Corbusier. Desde el 2021 la construcción forma parte del Catálogo del Patrimonio Histórico Andaluz.

10 Torre del puerto

Luis Blanco Soler, uno de los impulsores del Movimiento Moderno en España y miembro de la Generación del 25, ideó el edificio Torre del Puerto *(paseo de la Farola 16)* con vocación de escultura minimalista. El edificio, de 16 plantas, se levanta en una ubicación envidiable: la punta de La Malagueta frente a la famosa Farola (p. 97) de la ciudad.

Detalle del edificio La Equitativa.
DIEGO SANTOS ©

Sugerencias de lugares para comer, beber y comprar en **p. 119**

Explora
Pedregalejo

Aunque a la costa del mar de Alborán que se extiende desde los Baños del Carmen al este hasta el límite de Rincón de la Victoria se la conoce como Pedregalejo, el topónimo responde a una sola parte de la misma, si bien en realidad incluye también Las Acacias, El Palo, El Candado, Peñón del Cuervo y La Araña. El origen de la sinécdoque son los restaurantes del paseo marítimo El Pedregal, antiguos merenderos que han elevado la fritura de pescado y los espetos de sardinas a la categoría de arte.

Para muchos malagueños poner rumbo al este, camino de Almería, es hoy sinónimo de disfrute, de una comida en familia en un chiringuito, de un chapuzón en playas arropadas por espigones o de una romántica puesta de sol en los míticos Baños del Carmen. Pero esta asociación no es nueva, ya en el s. XIX y a principios del XX los más pudientes construyeron en esta zona sus villas rodeadas de jardines y alejadas del ajetreo de la ciudad. Y, milagrosamente, aún podemos admirar muchas de estas bellas mansiones.

Cómo desplazarse

Autobús

Las líneas 3 y 11 recorren la costa desde el centro hasta El Palo; mientras que las líneas 29, 33 y 34 se adentran por los distintos barrios.

Una jábega en Pedregalejo.
PABKOV/SHUTTERSTOCK ©

★

LO MEJOR

JOYA GEOLÓGICA
La cueva del Tesoro (p. 115)

HALLAZGO ROMANO
Los mosaicos de la villa marítima de Antiopa (p. 115)

INGENIERÍA NAVAL
Astilleros Nereo (p. 116)

RINCÓN DECIMONÓNICO
Baños del Carmen (p. 116)

CIRCUITO A PIE

Un oasis de tranquilidad

Este barrio del oeste de la ciudad, tiene dos caras bien distintas. En el paseo marítimo El Pedregal se suceden las casas donde los pescadores vivían y guardaban sus aparejos, hoy convertidas en restaurantes de pescado. En el interior, en la falda del monte San Telmo, hay bonitas mansiones y frondosos jardines. El arquitecto y urbanista Salvador Moreno Peralta nos guía por el caserío del barrio.

INICIO	FINAL	DURACIÓN
C. Juan Valera 46	Av. Juan Sebastián Elcano 117	2,1 km; 1,5-2 h

❶ Villa Valdecilla

Elegante palacete de estilo ecléctico, propio de las villas de lujo del litoral mediterráneo entre los ss. XIX y XX, **Villa Valdecilla** *(c. Juan Valera 46)* destaca por sus volúmenes y su hermosa fachada con enfoscados en tonos pasteles y ventanas con postigos venecianos. En ella sobresalen balcones con balaustres torneados y un mirador. La casa cuenta con tres plantas rematadas por cubiertas a cuatro aguas de cerámica vidriada y un airoso torreón en aguja. El cuidado diseño se extiende por el delicado jardín y los muros de cerramiento.

❷ Villa Martina

Frente a la Villa Valdecilla, la **Villa Martina** *(c. Juan Valera 65)* es un caserón de dos plantas con toques regionalistas. El cuerpo inferior está enfoscado, con ventanas de madera estilo *art déco* rematadas por montantes vidriados y otras enrejadas, mientras que el superior, separado de la planta baja mediante una fina imposta de azulejo vidriado, es de ladrillo visto con remate neomudéjar. En la fachada destacan un prominente mirador y un balcón de madera, con ventanas arqueadas y entrepaños de azulejos con motivos heráldicos.

❸ El Rosario

Ubicada en la calle Mariano de Cavia 1, **El Rosario** es una casa de finales del s. XIX de dos plantas y torreón con cubierta volada sobre potentes tornapuntas de madera, con vanos enmarcados por piedra y una delicada rejería negra. Un amplio y cuidado jardín rodea esta casa de aspecto rotundo dentro de un oasis de tranquilidad a pesar de quedar a tiro de piedra del paseo marítimo.

❹ Vivienda en Juan Sebastián Elcano 97

Buen ejemplo de rehabilitación residencial de una villa de estilo tradicional con detalles de gran finura, especialmente ostensibles en la calidez de sus espacios interiores, gracias a la primorosa restauración de la estructura de madera que sostiene la techumbre. En la fachada, elegantemente compuesta en sus volúmenes, que combina el enfoscado y la piedra con proyección exterior de armazón visto de madera, destaca el porche central, bajo un gran arco de medio punto. La cubierta a dos aguas, con teja plana vidriada azul, aporta singularidad.

❺ Colegio de la Asunción

Obra del madrileño Casto Fernández-Shaw, que realizó el colegio y la capilla entre 1940 y 1955 junto a Francisco Alonso Martos para la congregación de religiosas de la Asunción, el **colegio de la Asunción** *(c. Manuel del Palacio 15)* es uno de los mejores ejemplos de arquitectura contemporánea de mediados del s. XX en Málaga, en el que los motivos *art déco* y los detalles historicistas, especialmente en la espléndida capilla, se combinan a la perfección con las fórmulas racionalistas del Movimiento Moderno, como los pilares de la fachada, a modo de expresión de su "verdad constructiva".

6 Villa Pama

Típico y elegante caserón de principios del s. xx, esta villa *(c. Amador de los Ríos 26)* tiene dos plantas, un torreón de estilo ecléctico y un hermoso juego de cubiertas a cuatro aguas de cerámica vidriada. La planta de la villa es un gran zócalo de cinco vanos con arcos carpaneles que sustentan una terraza central y un belvedere acristalado. De la cubierta sobresale un torreón rectangular con vanos arqueados ribeteados por molduras de ladrillo visto. Rematan las cumbreras pináculos esféricos a la manera del *yamur* islámico. En el nº 22 de la misma calle hay un buen ejemplo de la renovación urbana de la zona con edificios comunitarios de baja densidad bien integrados con la escala del barrio. Se trata de un inmueble de cuatro plantas de ladrillo visto, bien trabajado con distintos aparejos, que sigue las pautas de la variante nórdica del estilo internacional. Su elegante combinación de huecos de ventanas y extensas terrazas con barandillas de madera, sustentadas por pilares circulares de hormigón visto, confieren una gran unidad al conjunto. El amplio y frondoso jardín delantero permite preservar la privacidad de los residentes al tiempo que se embellece el entorno.

Villa Valdecilla.

Villa Martina.

7 Colegio La Presentación

Un imponente palacete de finales del s. XIX alberga el **colegio La Presentación** *(c. Octavio Picón 19 y 21)*, de la Fundación Victoria. Sus formas son herederas del *beaux arts* y destaca su cubierta en mansardas rematada por una coqueta linterna acristalada y tejada con escamas de cerámica vidriada. En la misma calle, en el nº 24, se encuentra la Villa Las Palmeras, levantada a principios del s. XX. Su cubierta, con armazón de madera, es de teja plana. La villa alberga el consulado de Uruguay y está rodeada por un amplio y frondoso jardín en el que no falta la sempiterna buganvilla y la plumaria, un árbol que abunda en la zona y cuyas flores blancas, amarillas o rosáceas perfuman sutilmente estas calles desde mayo hasta el final del verano.

8 Villa Clara

De finales del s. XIX, la burguesa **Villa Clara** *(av. Juan Sebastián Elcano 117)*, sede de la EF Escuela Internacional de Idiomas, es un buen ejemplo de cómo estas casonas han logrado sobrevivir adaptándose a otros usos distintos a los residenciales. A su estructura de dos plantas, pintada de rojo carruaje con molduras blancas, le han añadido una escalera lateral para independizar el 1er piso. Destacan los jabalcones de madera en los remates de la cubierta y el bonito jardín, en el que no falta una araucaria y una palmera. Este maridaje botánico se repite en los jardines malagueños e incluso en los cortijos y quintas del valle del Guadalhorce, a modo de reflejo de las relaciones que la provincia siempre tuvo con el ultramar americano.

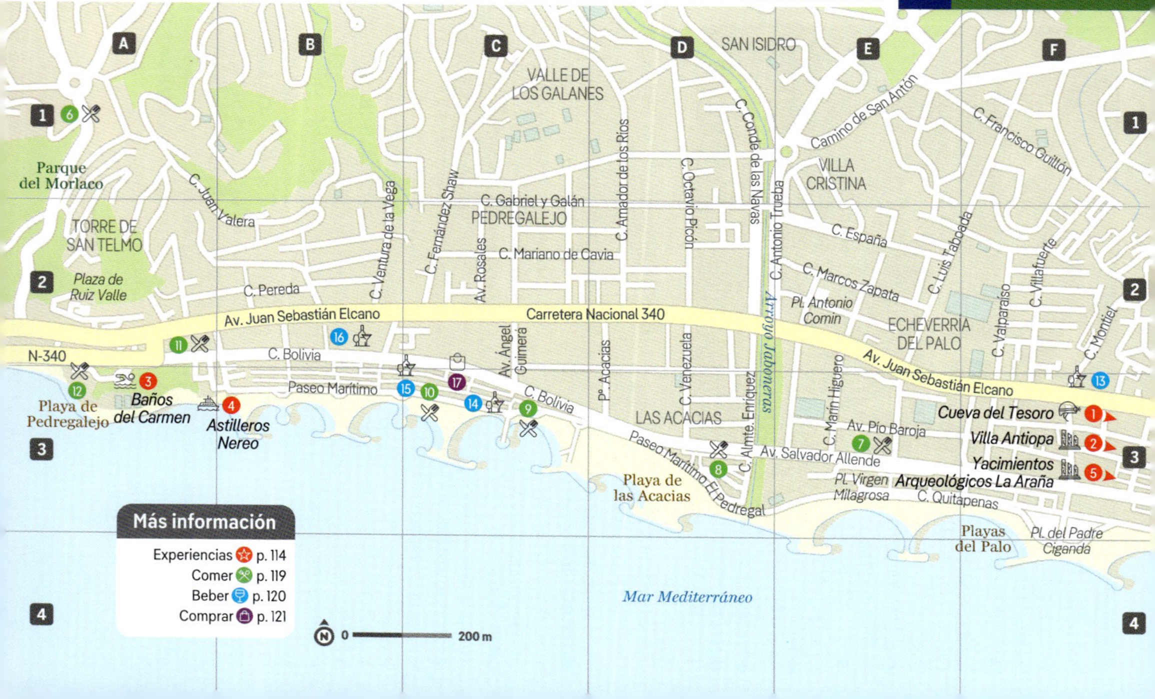
A
B
C
D
E
F
1
2
3
4
SAN ISIDRO
VALLE DE LOS GALANES
VILLA CRISTINA
TORRE DE SAN TELMO
PEDREGALEJO
ECHEVERRÍA DEL PALO
LAS ACACIAS
Parque del Morlaco
Plaza de Ruiz Valle
Camino de San Antón
C. Francisco Guillón
C. Juan Valera
C. Gabriel y Galán
C. Amador de los Ríos
C. Octavio Picón
C. Conde de las Navas
C. Antonio Trueba
C. España
C. Mariano de Cavia
C. Ventura de la Vega
C. Fernández Shaw
Av. Rosales
C. Pereda
C. Marcos Zapata
C. Luis Taboada
C. Villafuerte
C. Valparaíso
C. Montiel
Pl. Antonio Comin
Av. Juan Sebastián Elcano
Carretera Nacional 340
Arroyo Jaboneras
N-340
C. Bolivia
Paseo Marítimo
Av. Ángel Guimerá
P°. Acacias
C. Venezuela
C. Almte. Enríquez
C. Marín Higuero
Av. Pío Baroja
Av. Salvador Allende
Paseo Marítimo El Pedregal
Pl. Virgen Milagrosa
C. Quitapenas
Pl. del Padre Cigandá
Playa de Pedregalejo
Baños del Carmen
Astilleros Nereo
Playa de las Acacias
Playas del Palo
Cueva del Tesoro
Villa Antiopa
Yacimientos Arqueológicos La Araña
Mar Mediterráneo
1
2
3
4
5
6
7
8
9
10
11
12
13
14
15
16
17
0
200 m
Más información
Experiencias p. 114
Comer p. 119
Beber p. 120
Comprar p. 121

Cueva del Tesoro CUEVA

PLANO: 1 P. 114 F3

Esta es la única **gruta de origen geológico marino** *(turismoenrincon.es/cueva-del-tesoro; 2,75-4,65 €, gratis 10.00 lu-vi)* que puede visitarse en Europa. En los 600 m del recorrido (un tercio de su longitud) pueden admirarse impresionantes coladas y estalactitas, y en sus salas se han encontrado materiales del Paleolítico Superior y restos de cerámicas neolíticas. El nombre se lo debe a una leyenda: la del tesoro de los cinco reyes de la dinastía almorávide escondido por el califa Tasufin Ibn Alí en el s. XII y que nadie ha encontrado, pese a los muchos que lo han intentado. El suizo Antonio de la Nari descubrió la cueva en 1847 y vivió en ella durante tres décadas en su búsqueda incansable del supuesto tesoro. Uno de los rincones de la gruta, el pozo del Suizo, recuerda a este hombre que murió en la cueva encandilado por la leyenda que Cecilio García de la Leña recogió en 1789 en su libro *Conversaciones históricas malagueñas* y que él creyó a pie juntillas.

La sala de los Lagos, con sus estalactitas excéntricas, es el espacio más grande, espectacular y bello de la cueva, que forma parte del complejo subterráneo de El Cantal, con más de 2,5 km de longitud. La gruta, declarada Bien de Interés Cultural, ya se conocía en época romana y, según cuenta Plutarco en *Vidas paralelas,* sirvió durante ocho meses de refugio al general Marco Craso en el 86 a.C., quien llegó a Hispania perseguido por Cayo Mario. La cueva está a menos de 15 km del centro de Málaga, hacia el este vía el puerto deportivo de El Candado y ya en el término municipal de Rincón de la Victoria. La visita, que puede realizarse con audioguía, es apta para casi todos y cuenta con un ascensor para descender hasta el pozo del Suizo, donde comienza el recorrido.

Villa Antiopa CONJUNTO ARQUEOLÓGICO

PLANO: 2 P. 114 F3

A 4 km de la cueva del Tesoro, también en la costa, se puede visitar la **Villa Antiopa** *(turismoenrincon.es/villa-antiopa; 2-6 €, gratis lu reservando en la web),* una villa romana marítima descubierta en el 2003 y que tras un largo proceso de conservación y musealización, que pone en contexto el hallazgo, abrió al público a finales del 2022. El recorrido incluye un odorama que reproduce el olor del *garum,* la salsa de pescado tan popular en la cocina romana como el kétchup lo es en la actualidad. Se han conservado la mayor parte de los mosaicos creados en s. III, como el de la princesa tebana Antiopa que da nombre al conjunto.

Baños del Carmen

BALNEARIO Y RESTAURANTE

PLANO: 3 P. 114 A3

En el s. XIX los malagueños no se bañaban en el mar; a lo sumo se zambullían en albercas cubiertas, y nunca hombres y mujeres juntos. La moda de los baños de mar llegó desde San Sebastián casi a finales de siglo, cuando nacieron varios establecimientos privados, todos desaparecidos salvo los **Baños del Carmen** *(elbalneariomalaga.com),* abiertos en 1918, que rápidamente se convirtieron en punto de encuentro de la burguesía malagueña. Con la creación de este gran complejo privado se pagaba para acceder a la playa y se garantizaba el cumplimiento de la moralidad vigente con casetas para cambiarse y zonas separadas para hombres y mujeres. El modelo también permitía una tercera opción, la de que las familias disfrutaran juntas del baño, algo que revolucionó la ciudad. El conjunto experimentó varias fases constructivas y la que ha llegado hasta la actualidad es la que proyectó en 1933 Daniel Rubio: un restaurante de dos plantas rodeado de columnas que parecen surgir de las aguas.

Los Baños del Carmen se convirtieron en la gran atracción social durante la década de 1920 con su embarcadero, pista de baile, campo de tenis y hasta un acuario. Llegó a tener un campo de fútbol, donde jugó el Málaga CF hasta que se construyó el estadio de La Rosaleda, que durante un tiempo devino en hipódromo. El balneario siguió en funcionamiento hasta la década de 1980, cuando el Estado dictó que el acceso a las playas debía ser libre y gratuito. Desde entonces, el conjunto ha languidecido e incluso ha estado a punto de desaparecer por los embates del mar y el vandalismo. Aunque el edificio y el resto de las instalaciones no se han rehabilitado adecuadamente, continúa funcionando como restaurante. La playa, de 550 m de longitud y tan solo 15 m de ancho, es una pequeña y pintoresca cala que suele llenarse en verano.

Jábega en construcción.

Astilleros Nereo ECOMUSEO, ASTILLERO

PLANO: 4 P. 114 B3

Ubicado en el mismo lugar en el que las galeras se resguardaban de los piratas berberiscos en el s. XVII, los **Astilleros Nereo** *(astillerosnereo.com; 2,5-5 €)* nacieron en 1966 para construir y restaurar embarcaciones tradicionales como jábegas, sardinales, bucetas o yates de madera, tarea en la que continúan y a la que se ha añadido la construcción de réplicas históricas. Alfonso Sánchez-Guitard, carpintero de ribera e historiador, está al frente del negocio que creó su padre y que él ha convertido en una escuela no reglada para preservar el oficio y en un ecomuseo que ofrece interesantes visitas guiadas. Incluidos en el Plan Nacional de Patrimonio Industrial, los astilleros son los encargados de velar por el patrimonio marítimo del barrio de Pedregalejo. Su mayor proyecto, iniciado en el 2015, es la réplica del bergantín *Galveztown*, el barco con el que el malagueño Bernardo de Gálvez luchó por la independencia de Estados Unidos. Además, se ha replicado el pecio fenicio de Mazarrón, un trabajo que ha permitido descubrir que las jábegas aún se construyen igual que hace 2700 años.

LA JÁBEGA

Primero los pescadores cambiaron la jábega, embarcación que se utilizó en las costas malagueñas hasta el siglo pasado, por barcos más pequeños y manejables para sacar el copo (un arte de pesca que consiste en echar la red en círculo y tirar de ella desde la orilla) y después, en la década de 1970, se prohibió esta práctica porque esquilmaba los bancos de peces. Entonces, muchos pensaron que había llegado el fin de esta nave herencia de los fenicios. Sin embargo, carpinteros de ribera como Antonio Almoguera o el trabajo de los Astilleros Nereo han mantenido a flote esta embarcación que tiene una eslora de unos 8 m, una manga de algo más de 2 m, muy poco calado y siete remeros, lo que la hace muy manejable. Actualmente las jábegas se usan en regatas que organizan los clubes de remo, como embarcación de recreo y en las impresionantes procesiones de la Virgen del Carmen *(16 jul)* si la mar lo permite, cuando en las playas de Pedregalejo, El Palo y Huelin los marengos sacan a su patrona entronizada en una jábega y otras, engalanadas, se suman al cortejo. La jábega cuenta con un patrón, el *mandaor*, que lleva un remo como guía, pues estos barcos no tienen timón; siete jabegotes (remeros) y el *animaor* o *metebríos*, que mantiene alta la moral de la tripulación. Con sus característicos ojos pintados en la proa y un espolón rematado en cabeza de serpiente para desafiar a los monstruos marinos, símbolos que recuerdan su pasado fenicio, las jábegas hace ya 2800 años que surcan las aguas de la bahía de Malaka.

Yacimientos Arqueológicos de La Araña

CENTRO DE INTERPRETACIÓN, CUEVAS

PLANO: 5 P. 114 F3

En la barriada de La Araña, a la sombra de las imponentes instalaciones de la cementera Goliat y junto a la torre vigía de las Palomas del s. XVI, se encuentra el **centro de interpretación** *(complejo humo.org; 8-10 €)* de seis zonas de gran importancia arqueológica. Primero se visita el pequeño museo del centro, en el que se contextualiza el vecino complejo del Humo, un conjunto de cuevas y abrigos en los que ha habido ocupación humana ininterrumpida desde hace 500 000 años, desde los preneandertales hasta el *homo sapiens* y que, por tanto, puede considerarse el origen de Málaga. El recorrido, siempre guiado y que hay que reservar con antelación, continúa en la cueva del Humo, la principal de estas cavidades en un macizo kárstico en la que se han datado restos de hollín de fuegos que se hicieron hace 65 000 años y se han encontrado cantos rodados grabados con figuras humanas. Junto a esta gruta hay seis abrigos, en uno de los cuales han sido hallados hasta 64 enterramientos neolíticos, algunos con los ajuares completos. Las piezas más importantes están depositadas en el Museo de Málaga. La visita completa dura unas tres horas.

Cueva del Tesoro (p. 115).

Localizaciones en el plano de la **p. 114**

Lo mejor para...

€ Económico €€ Medio €€€ Alto

Comer

Pescado y marisco

A Babor €€
6 A1
Luminosa, bien servida y deliciosa, así es una comida en este local especializado en pescados; tanto fritos, como sus salmonetitos o los calamaritos de Málaga, como a la plancha, ya sea rape, atún o lenguado. En su amplia carta destaca también la tortilla encebollada de changurro. Tiene una buena relación calidad/precio. *ababormarisqueria.es; almuerzo y cena ma-sa, almuerzo do*

Hermanos Alba €€€
7 E3
En un local bonito y sencillo de Echeverría del Palo, en el que han prestado atención a todos los detalles desde la decoración hasta la vajilla, los Alba llevan desde 1978 sirviendo en sus mesas lo mejor de la lonja de la Caleta de Vélez. Sirven coquinas, quisquillas, gamba blanca, conchas finas... además de su especialidad: los pescados a la sal. Mejor reservar. *hermanosalba.com; almuerzo y cena ma-sa*

Las Palmeras €€
8 D3
En este local son expertos en cocina marenga, es decir, pescados de la bahía asados al carbón a pie de playa, frituras, cazuelas de fideos... El espetero es discípulo de Bernardo Murillo, toda una institución en este duro oficio que abrió este merendero en 1981. Su nieto Enrique ha modernizado el chiringuito, pero sigue cultivando la cocina tradicional. *laspalmerasrestaurante.es; almuerzo y cena ma-do may-sep; almuerzo ma-do oct-abr*

Miguelito el Cariñoso €€
9 C3
Nada sabe mejor que un espeto de sardinas asado a las brasas en una barca sobre la arena. Y en este restaurante, abierto hace más de 40 años, sirven algunos de los mejores de la ciudad. Su propietario, apodado el Cariñoso porque así era, sabía tratar a su clientela, una tradición que continúa su familia. El *pescaíto* frito, el marisco y sus arroces no defraudan nunca. *952 299 443; almuerzo y cena mi-sa, almuerzo do may-oct; almuerzo lu-do nov-abr*

El Caleño €€
10 C3
Este establecimiento es un clásico de la zona y un referente para el marisco. Durante casi 40 años Rafael Alcaide y Loli Ramírez lo convirtieron en uno de los más valorados de la zona. En el 2022 cambió de propietarios, pero mantiene sus exquisitas frituras, los pescados a la sal y las gambas de Málaga, además de arroces como el de carabineros o la tradicional paella. *952 290 006; almuerzo y cena ma-do abr-oct; almuerzo ma-do nov-mar*

'Gourmet'

Carèmm €

11 A2

El francés Antonin Carême, que fue cocinero de Napoleón y del zar Alejandro; presta su nombre, aunque adaptado para que suene igual, a este pequeño gastrobar enfrente de los Baños del Carmen. Aquí la cocina malagueña se transforma para ofrecer nuevas versiones de platos tradicionales, como el pastel de raya o las gambas al pil pil. *caremmgastrobar.com; cena lu-sa jun-sep, almuerzo y cena ma-sa, almuerzo do oct-may*

Mediterránea

El Balneario €€€

12 A3

Ubicado en el antiguo complejo de los Baños del Carmen, un enclave sin duda privilegiado, tiene capacidad para que 450 personas coman al lado del mar. En su amplia carta destacan los arroces caldosos, el pescado frito y los espetos de sardinas, calamar o pargo. Sus dimensiones hacen que el lugar pierda parte de su encanto, pero aun así merece la pena. Cuenta también con un bar coctelería en la terraza *(12.00-24.00 lu-do abr-oct)* desde el que se puede disfrutar de la puesta de sol. *elbalneariomalaga.com; almuerzo y cena lu-do; almuerzo y cena mi-sa, almuerzo do nov-mar*

Beber

Taberna

El Pimpi Florida

11 F3

Resulta difícil imaginar cuántos parroquianos pueden caber en los 30 m^2 de esta taberna en la que siempre suenan grandes de la copla española, como Juanita Reina, Marifé de Triana o Rocío Jurado o lo mejor de Raphael o Camilo Sesto. El local, donde suele haber cola antes de abrir, se mantiene igual desde 1952. Diversión garantizada acompañada de gambas al pil pil o calamar a la plancha en el bar más famoso de El Palo. *624 022 383; 20.30-2.00 mi-do, nov cerrado*

Copas y más

La Chancla

12 C3

Un lugar para ver y ser visto. La Chancla es uno de esos locales multiusos, con cocina, en los que se puede desde desayunar hasta tomar la última copa, a veces con música en directo. El chiringuito tiene una tienda de cafés y, en invierno, una chimenea a la que arrimarse. Hay hamacas para relajarse en las que también sirven copas y cócteles. *lachanclahotel.com; 8.00-24.00 lu-do*

La Santería

13 C3

Este amplio local, ubicado en una soleada esquina, sustituye a La Tortuga que llevaba casi tres décadas siendo el centro del copeteo en la zona. Además de cócteles y copas sirven meriendas y cuentan con una carta internacional para una comida ligera. El local tiene mesas fuera en las que disfrutar del frescor vespertino. *lasanteriamalaga.es; 12.00-2.00 lu-do*

Vinos

Tití

16 B2

Esta taberna, ubicada donde estuvo el *pub* Bolivia 41, un referente de las noches malagueñas de finales del s. XX, apuesta por los vinos españoles y por el flamenco. Además de vinos y vermú, también sirven tapas y no faltan las copas para el tardeo. Los viernes por la noche y las tardes del sábado y del domingo la diversión está garantizada con sus actuaciones de flamenco. *c. Bolivia 97; 19.00-24.00 ju, 18.00-1.00 vi, 14.00-1.00 sa, 14.00-24.00 do*

Comprar

Helados

Heladería Cremades

17 C3

Helados artesanales desde 1970 en un establecimiento remodelado en el 2024 y abierto a la playa. Los más solicitados son los de turrón y leche merengada, pero su carta tiene unos 40 sabores para elegir y disfrutarlos mirando al mar. *heladoscremades.com; 11.00-20.00 lu-do oct-mar; 11.00-22.00 lu-do abr-jun; 11.00-2.00 jul-sep*

Helados Santa Gema

18 E3

Con una carta de casi 70 sabores artesanales, la heladería Santa Gema, abierta en 1976, es parada obligatoria. Francisco Pinazo, el maestro heladero, ha creado sabores como la tarta de la abuela, con chocolate blanco y negro, limón y piñones; el helado de loca (una torta de hojaldre malagueña) o la delicia de vainilla. *952 294 764; av. Pío Baroja 14; 12.00-24.00 lu-do 28 feb-15 may, 12.00-2.00 16 may-12 oct*

El Balneario, en los Baños del Carmen.

FRANSANTIAGO/SHUTTERSTOCK ©

Sugerencias de lugares para comer, beber y comprar en **p. 134**

Explora
Al oeste del Guadalmedina

El litoral oeste de Málaga fue la primera zona de expansión industrial de la ciudad en el s. XIX. Su ubicación resultó ideal para construir el primer barrio obrero: Huelin. En la década de 1980 todas las industrias habían cerrado y el terreno más próximo al mar se convirtió en un páramo de ruinas y escombros hasta que, en la siguiente década, se comenzaron a regenerar las playas y a trazar un paseo marítimo. Desde entonces, la costa oeste se ha convertido en la nueva milla de oro de la ciudad.

Una zona anclada a su pasado obrero que ha despegado embellecida con el gran parque del Oeste, con un paseo marítimo que bordea la playa de la Misericordia, un arenal urbano de 2 km, y a la que no le falta oferta cultural ni vida nocturna. Todo un lujo que se paga.

Cómo desplazarse

Autobús
La línea 40 recorre el paseo marítimo y llega al centro. También circulan por sus calles los nº 1, 3, 5, 7, 9, 10, 15, 22 y 27.

Metro
La línea 2 tiene paradas en La Luz-La Paz, El Torcal y Princesa-Huelin Larios.

Antigua Tabacalera, sede del Museo Ruso y del Automóvil y la Moda (p. 129).
BYVALET/SHUTTERSTOCK ©

LO MEJOR

ARTE Y ARQUITECTURA
Los museos Ruso y del Automóvil y la Moda, en la antigua Tabacalera (p. 129)

ACTIVIDADES CULTURALES
Todas las que organiza La Térmica (p. 129)

PESCADO
Mercado de Huelin (p. 125)

UN RESPIRO VERDE
Parque del Oeste (p. 130)

CIRCUITO A PIE

Día de mercado en Huelin

La gastronomía es parte fundamental de cualquier visita a Málaga y nada mejor que empezar el día en el mercado de Huelin para conocer bien el producto estrella de la ciudad: el pescado. La zona ofrece también una aproximación al pasado industrial de la capital malagueña y a su desconocida historia reciente.

INICIO	FINAL	DURACIÓN
Mercado de Huelin	Av. Isaac Peral 27	4,6 km; 2 h

1 Tejeringos para desayunar

Las mesas de **Tejeringos Luque** (p. 136) siempre están llenas de habituales que no pueden resistirse al olor de estos frutos de sartén (churros en forma de lazo), que sirven recién fritos para desayunar y merendar en una de las esquinas del mercado de Huelin.

2 Mercado de Huelin

Antes de saborearlo en restaurantes y chiringuitos de toda la ciudad, los amantes del pescado pueden familiarizarse con el mejor género en el **mercado de abastos de Huelin** *(952 135 584; 8.00-14.30 lu-sa)*. Aunque desangelado, este edificio de 1977 alberga 162 puestos de todo tipo de género a buen precio, con las mejores pescaderías y muy buenas charcuterías y herboristerías.

3 Un tentempié contundente

Dentro del mercado está la **Cafetería Mercado de Huelin** *(6.00-12.00 lu-sa)*, un lugar bullicioso muy popular por sus abundantes desayunos como el café con pitufo de la casa: un bocadillo con beicon, queso, huevo, lechuga, tomate y mayonesa (3,20 €). Siempre está lleno, pero merece la pena esperar un poco observando a la variopinta clientela. Para algo más sofisticado y marinero, pruébese el **Ryma's Gastrobar** (p. 134), con platos tan apetitosos como el pulpo entero frito.

4 Paseo marítimo de pasado fabril

Ahora se pone rumbo al mar para conocer algunos de los restos de las fábricas que convirtieron a Málaga en una pujante ciudad entre finales del s. XVIII y principios del s. XX. La chimenea de ladrillo de la antigua fábrica de plomo Los Guindos (96 m) es la más alta de las 14 que han sobrevivido en la ciudad. Se halla integrada en el paseo marítimo, en primera línea de playa. Más adelante, en el camino de la Térmica, sin dejar el litoral, la chimenea de la central térmica de San Patricio (67 m) fue una de las últimas en construirse (1957).

5 Parada cultural en La Térmica

También junto al mar, tras la gran torre de ladrillo de Los Guindos, se encuentra **La Térmica** (p. 129), un polivalente centro cultural de la Diputación Provincial donde poder encontrar desde exposiciones hasta conciertos, *performances*, cine, conferencias o presentaciones de libros. Este espacio ofrece también residencia de artistas y siempre se respira un ambiente muy creativo. Si el paseo ha abierto el apetito, una original opción es el pescado de **Rocío Tapas y Sushi** (p. 135).

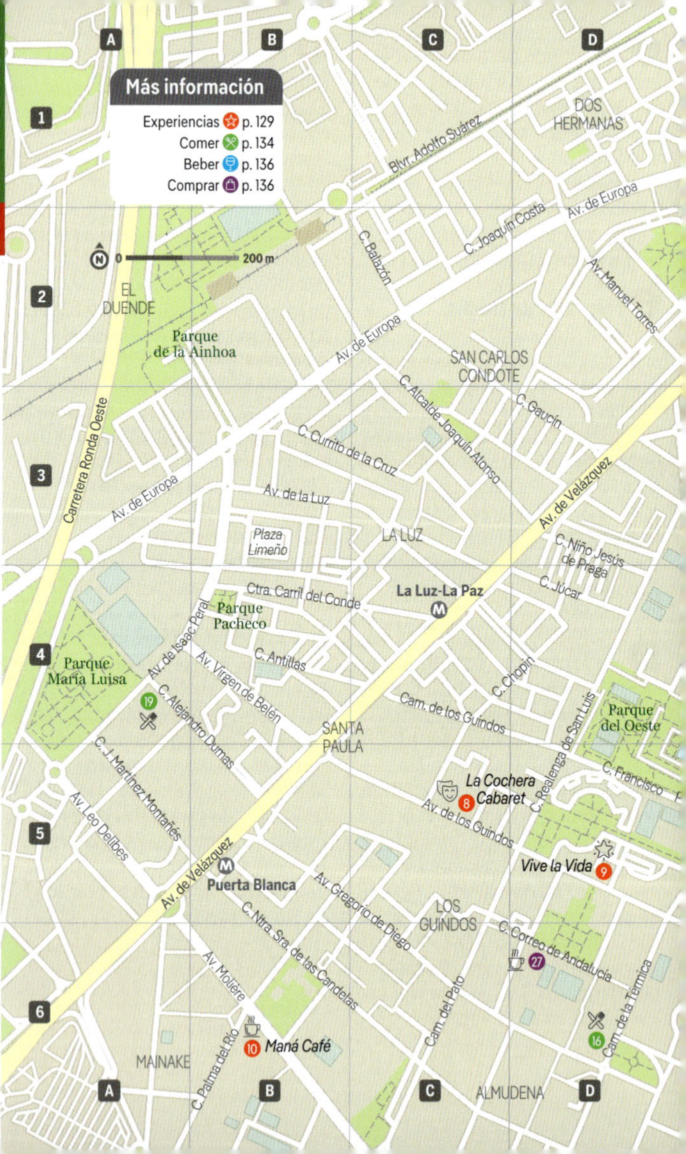
A
B
C
D
1
2
3
4
5
6
Más información
Experiencias p. 129
Comer p. 134
Beber p. 136
Comprar p. 136
0
200 m
N
EL DUENDE
Parque de la Ainhoa
DOS HERMANAS
Blvr. Adolfo Suárez
Av. de Europa
C. Joaquín Costa
C. Balazón
Av. Manuel Torres
SAN CARLOS CONDOTE
C. Alcalde Joaquín Alonso
C. Gaucín
C. Currito de la Cruz
Carretera Ronda Oeste
Av. de la Luz
Plaza Limeño
LA LUZ
Av. de Velázquez
C. Niño Jesús de Praga
C. Júcar
Ctra. Carril del Conde
La Luz-La Paz
M
Parque Pacheco
Av. de Isaac Peral
C. Antillas
Av. Virgen de Belén
Parque María Luisa
19
C. Alejandro Dumas
C. Chopin
Cam. de los Guindos
C. Realenga de San Luis
Parque del Oeste
SANTA PAULA
C. J. Martínez Montañés
C. Francisco
La Cochera Cabaret
8
Av. de los Guindos
Av. Leo Delibes
Vive la Vida
9
Puerta Blanca
Av. Gregorio de Diego
LOS GUINDOS
C. Correo de Andalucía
C. Ntra. Sra. de las Candelas
Av. Molière
27
Cam. del Pato
Cam. de la Térmica
16
C. Palma del Río
10
Maná Café
MAINAKE
ALMUDENA

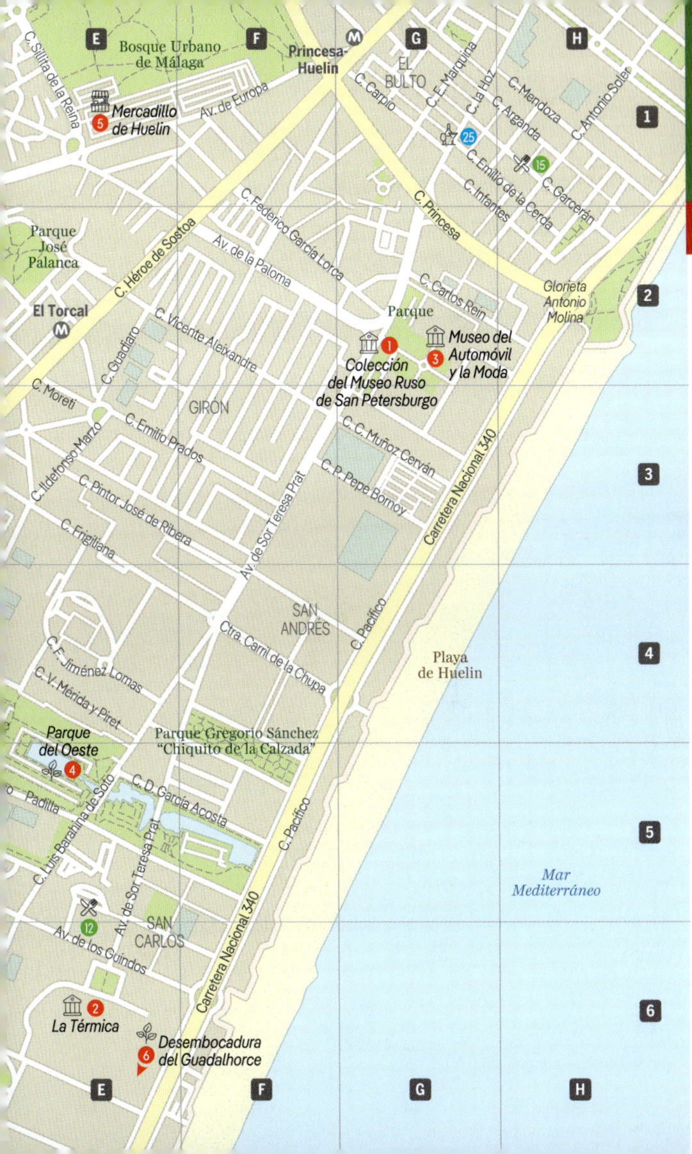
E
F
G
H
1
2
3
4
5
6
Bosque Urbano de Málaga
Princesa-Huelin
EL BULTO
Mercadillo de Huelin
5
C. Sillita de la Reina
Av. de Europa
C. Carpio
C. E. Marquina
C. la Hoz
C. Mendoza
C. Arganda
C. Antonio Soler
25
15
C. Emilio de la Cerda
C. Infantes
C. Garcerán
C. Princesa
C. Federico García Lorca
Av. de la Paloma
C. Héroe de Sostoa
Parque José Palanca
El Torcal
C. Carlos Rein
Glorieta Antonio Molina
Parque
Museo del Automóvil y la Moda
3
Colección del Museo Ruso de San Petersburgo
1
C. Vicente Aleixandre
C. Guadiaro
C. Moreti
GIRÓN
C. Emilio Prados
C. C. Muñoz Cerván
C. P. Pepe Bornoy
Carretera Nacional 340
C. Ildefonso Marzo
C. Pintor José de Ribera
C. Frigiliana
Av. de Sor Teresa Prat
SAN ANDRÉS
C. Pacífico
Ctra. Carril de la Chupa
Playa de Huelin
C. F. Jiménez Lomas
C. V. Mérida y Piret
Parque del Oeste
4
Parque Gregorio Sánchez "Chiquito de la Calzada"
Padilla
C. Luis Barahina de Soto
C. D. García Acosta
C. Pacífico
Mar Mediterráneo
Av. de Sor Teresa Prat
12
SAN CARLOS
Av. de los Guindos
Carretera Nacional 340
La Térmica
2
Desembocadura del Guadalhorce
6

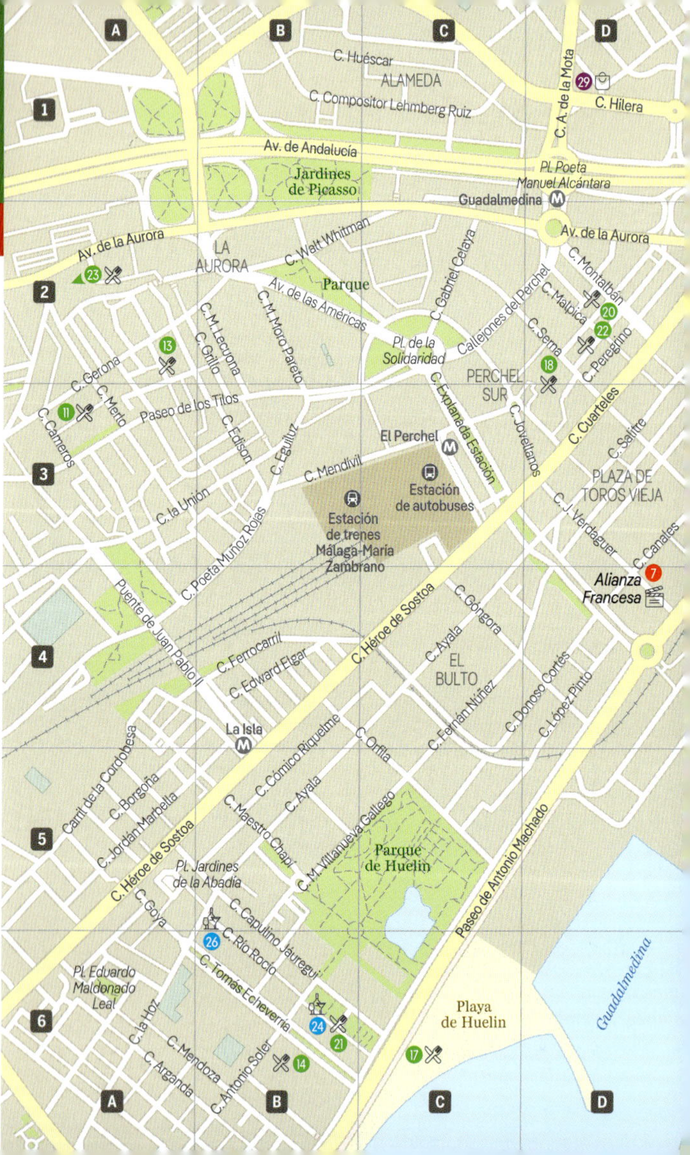
A
B
C
D
1
2
3
4
5
6
C. Huéscar
ALAMEDA
C. Compositor Lehmberg Ruiz
C. A. de la Mota
29
C. Hilera
Av. de Andalucía
Jardines de Picasso
Pl. Poeta Manuel Alcántara
Guadalmedina
Av. de la Aurora
LA AURORA
23
C. Walt Whitman
Parque
Av. de las Américas
C. M. Moro Pareto
C. M. Lecuona
C. Grillo
13
C. Gerona
C. Merlo
11
C. Cameros
Paseo de los Tilos
C. Edison
C. Eguiluz
C. Gabriel Celaya
Pl. de la Solidaridad
Callejones del Perchel
C. Montalbán
20
C. Malpica
22
C. Serna
C. Peregrino
18
PERCHEL SUR
C. Explanada Estación
C. Jovellanos
El Perchel
C. Mendívil
Estación de autobuses
Estación de trenes Málaga-María Zambrano
C. Cuarteles
C. Salitre
PLAZA DE TOROS VIEJA
C. J. Verdaguer
C. Canales
7
Alianza Francesa
C. la Unión
C. Poeta Muñoz Rojas
Puente de Juan Pablo II
C. Ferrocarril
C. Edward Elgar
C. Héroe de Sostoa
C. Góngora
C. Ayala
EL BULTO
C. Fernán Núñez
C. Donoso Cortés
C. López Pinto
La Isla
C. Cómico Riquelme
C. Orfila
Carril de la Cordobesa
C. Borgoña
C. Jordán Marbella
C. Maestro Chapí
C. Ayala
C. M. Villanueva Gallego
Parque de Huelin
Paseo de Antonio Machado
C. Héroe de Sostoa
Pl. Jardines de la Abadía
C. Goya
C. Capulino Jáuregui
26
C. Río Rocío
C. Tomás Echeverría
Pl. Eduardo Maldonado Leal
C. la Hoz
C. Mendoza
C. Arganda
C. Antonio Soler
24
21
14
17
Playa de Huelin
Guadalmedina
A
B
C
D

Colección del Museo Ruso de San Petersburgo MUSEO

PLANO: 1 P. 126 G2

El zar Nicolás II creó el Museo Ruso de San Petersburgo en 1895 como una escisión del Hermitage. La institución, con 400 000 obras, abrió **sede en Málaga** *(coleccion museoruso.es; 4-8 €, gratis do desde 16.00)* en el 2015, la primera en Europa occidental, cuyo convenio incluye una gran exposición anual y dos semestrales. Desde entonces han presentado obras de entre el s. XVIII y principios del s. XX, en 2300 m² de parte de la Real Fábrica de Tabacos de Málaga, un gran edificio regionalista de 1927. A partir de la invasión rusa de Ucrania en el 2022, el museo ha interrumpido la colaboración con Rusia, aunque continúa exhibiendo arte ruso pero procedente de colecciones privadas.

La Térmica CENTRO CULTURAL

PLANO: 2 P. 126 E6

Este gran edificio regionalista con jardín, realizado por el arquitecto José Novillo como Casa de Misericordia en 1912, ha tenido un sinfín de usos (casa cuna, de socorro, asilo, hospital de sangre, centro de formación, centro de acogida de refugiados políticos...) hasta que en el 2013 la Diputación Provincial lo convirtió en un **laboratorio de cultura contemporánea** *(latermi camalaga.com; gratis)* en el que tienen cabida residencias de artistas plásticos, exposiciones, espectáculos de danza y teatro, proyecciones, conciertos, talleres, conferencias, encuentros, salas de *coworking*, biblioteca y mucho más. Sus 13 000 m² permiten desarrollar planteamientos multidisciplinares e internacionales con hitos como el festival Escribidores *(escribidores.org)*, un encuentro literario de América y Europa con actividades gratuitas y organizado en colaboración con la Cátedra Mario Vargas Llosa. La cita se celebra desde el 2021 en esta y otras sedes de Sevilla y Cádiz.

Museo del Automóvil y la Moda MUSEO

PLANO: 3 P. 126 G2

Este original **museo** *(museoauto movilmoda.com; 6-10 €)* ofrece un recorrido por la historia del automóvil a través de casi un centenar de modelos, desde pioneros como un Winner (EE UU, 1898) hasta tan sofisticados como un Ferrari de 1956, con un Renault AX (Francia, 1911), un Morris Minor (Gran Bretaña, 1931) o un Fiat 500 (Italia, 1936) de por medio. También se exhibe una colección de moda con 200 piezas de alta costura de, entre otros, Balenciaga, Dior o Chanel, más 300 sombreros y tocados. Organizan talleres infantiles los sábados por la mañana (las inscripciones se realizan en su web) y todos los domingos, a las 12.30, los visitantes pueden asistir a *Un, dos,* *tres, arrancamos:* una actividad en la que se ponen en marcha tres de los vehículos que custodia el museo.

Parque del Oeste

PARQUE Y ESCULTURAS

PLANO: 4 P. 126 **E5**

Lugar de esparcimiento junto a las barriadas de La Paz y Santa Paula, una de las zonas más pobladas de Málaga, con 7,5 Ha. y unos 800 árboles. El parque, diseñado en 1992 por el arquitecto y urbanista Eduardo Serrano, tiene un gran lago (11 000 m²) en el que conviven gansos, cisnes, patos y tortugas con un sinfín de aves urbanas. Entre parterres y flores se pueden descubrir los seres fantásticos nacidos de la imaginación del escultor alemán Stefan von Reiswitz (1931-2019), que creó unas 40 obras para este parque que mira al mar.

LOS HEREDIA Y LA REVOLUCIÓN INDUSTRIAL

A partir del s. XVIII, cuando se liberalizó el comercio con América, Málaga se consolida como centro del alto comercio marítimo. Británicos, nórdicos, franceses, italianos y familias procedentes de La Rioja, como la de Manuel Agustín Heredia (1786-1846), quien funda una flota de buques mercantes, se instalan en la ciudad e impulsan una época de gran desarrollo económico que acaba con la invasión de Napoleón en 1810. El descubrimiento de minas de hierro en Marbella en 1825 abre otra puerta. Los Heredia son quienes marcan el camino con la creación de una siderurgia en la zona oeste de la ciudad: La Constancia o Ferrería de Heredia estará activa entre 1833 y 1924, cuando el alto precio del carbón hace que la actividad se traslade al norte del país. Los Larios, oriundos también de La Rioja, toman el testigo con el sector textil, y crean Industria Malagueña S.A. en la misma zona, fábrica que funcionó de 1847 a 1970. Eduardo Huelin (1822-1891), malagueño de ascendencia británica, abrió otro frente con la creación de un ingenio azucarero en 1870, en el que se procesaba la caña de azúcar (cañadú) y fue el primero en diseñar viviendas unifamiliares para sus obreros en el barrio que hoy lleva su nombre. La zona llegó a tener decenas de fábricas en las que trabajaban 4000 personas. En el s. XIX, Málaga se convirtió en la segunda ciudad española más industrializada, tras Barcelona, con sus metalúrgicas, azucareras, textiles, tabaqueras o harineras. Para Víctor Heredia, profesor de Historia Económica de la UMA, fue esa burguesía comercial e industrial la que definió la imagen de la ciudad: "A veces, se ha identificado sobriedad con escasez de recursos; sin embargo, se trataba de una clase formada por personas cultas que se manifestaba de forma sobria, como puede apreciarse en los elegantes edificios de la calle Marqués de Larios, y que dejaba el lujo puertas adentro, como resaltó en 1830 el viajero romántico Henry David Inglis, quien afirmó que los interiores de los edificios de la Alameda Principal eran 'más espléndidos que cualquier otra cosa que había visto en España'.

Mercadillo de Huelin

MERCADILLO Y GRAFITIS

PLANO: 5 P. 126 E1

Los miércoles y los sábados *(9.00-14.00)* la avenida Europa, en el barrio de Huelin, se transforma en un gran zoco. Hay de todo: ropa, calzado, artículos de regalo, verduras, frutas, flores... Es un animado y colorista escaparate al aire libre en el que encontrar buenas gangas. La mañana puede completarse con un paseo hasta el vecino bulevar Adolfo Suárez, llamado el **BulevArt,** donde las traseras de las cocheras de los autobuses municipales (EMT) se han convertido en un gran museo del grafiti que reúne 32 murales de artistas nacionales e internacionales. Merece la pena el paseo.

Desembocadura del Guadalhorce

PARAJE NATURAL

PLANO: 6 P. 126 E6

En la **desembocadura del río Guadalhorce** *(visita.malaga.eu/es/que-ver-y-hacer/naturaleza/espacios-naturales/paraje-natural-de-la-desembocadura-del-guadalhorce-p103596)* se conserva un complejo lagunar de 122 Ha con cinco observatorios de las aves migratorias, en los que se han avistado unas 260 especies. Además, en esta zona se encuentra el **Cerro del Villar,** considerada la ciudad fenicia mejor conservada de Occidente. Aunque no puede visitarse ni está señalizada, bajo tierra siguen la mayor parte de sus calles, lujosas villas con hasta 12 habitaciones y un embarcadero o su alfar, lo que se constató gracias a excavaciones y a estudios realizados con georradar en lo que antes fue una isla en la margen derecha del delta. Este es el primer enclave en el que se establecieron los fenicios en el s. IX a.C. y en el que vivieron durante tres siglos hasta que las sucesivas inundaciones les llevaron a instalarse en la falda del monte Gibralfaro, donde fundaron Malaka. El paraje se puede recorrer a pie o en bicicleta; hay una bonita pasarela de madera de 270 m que atraviesa el río.

TORRIJOS, EL HÉROE ROMÁNTICO

En la primera mitad del s. XIX no todo fueron prósperas fábricas en las orillas de estas playas. El 11 de diciembre de 1831, en el arenal de San Andrés fueron fusilados, sin juicio previo, el general Torrijos y 48 de los hombres que le acompañaron en el levantamiento contra el régimen absolutista de Fernando VII. La gesta de este militar liberal, que murió luchando contra el despotismo, quedó plasmada en un lienzo de Antonio Gisbert, *Fusilamiento de Torrijos y sus compañeros en las playas de Málaga* (1888), que se exhibe en el Museo del Prado. El obelisco diseñado por Rafael Mitjana en 1842, que se alza en el centro de la plaza de la Merced, señala la cripta en la que descansan estos héroes románticos.

Alianza Francesa

CENTRO CULTURAL-ESCUELA

PLANO: 7 P. 128 **D4**

La **Alianza Francesa** *(alianza francesamalaga.es)* funciona en Málaga desde 1967 a modo de espacio de intercambio cultural. Su gran escaparate es el Festival de Cine Francés de Málaga, que en el 2024 ha celebrado su 30ª edición en el marco del cine Albéniz y en otros sitios de la ciudad. Cada tercera semana de octubre los aficionados esperan los estrenos y preestrenos de películas, documentales y cortometrajes del país vecino *(festivalfrancesmalaga.es)*. También tiene un interesante programa de exposiciones en su sede, con especial atención a la fotografía.

La Cochera Cabaret

TEATRO-CONCIERTOS

PLANO: 8 P. 126, **C5**

La **sala alternativa** *(lacochera cabaret.com)* de referencia de la ciudad acoge todo tipo de espectáculos: teatro, monólogos, humor, magia, infantil, etc. Es un antiguo

FERIA DE AGOSTO

Málaga ofrece dos ferias en una. Y es que la Feria del Centro, la diurna, que se celebra en el casco histórico, es tan popular como la nocturna del Real del Cortijo de Torres, la zona de Cruz de Humilladero que acoge unas 200 casetas de entrada libre, las atracciones y los grandes conciertos del auditorio municipal, con capacidad para 12 000 espectadores (2790 de ellos sentados). La fiesta mayor de Málaga conmemora la entrada triunfal de los Reyes Católicos en la ciudad el 19 de agosto de 1487 tras vencer a los nazaríes (una cabalgata histórica recrea el acontecimiento recorriendo las mismas calles). El viernes anterior al 19 de agosto, el pregón en la playa de La Malagueta y un gran castillo de fuegos artificiales son el pistoletazo de salida a una fiesta que se celebra desde 1887, sin que falten los toros. La edición del 2024 congregó a más de dos millones de personas y tuvo un impacto económico en la ciudad de más de 37,5 millones de €. Farolillos y casetas animan el centro, con actuaciones en sus plazas principales; mientras que por la noche la fiesta se traslada al Real del Cortijo de Torres (50 Ha destinadas a la diversión). Son ocho días intensos para todos los gustos: las pandas de verdiales (el folclore más genuino de Málaga, que viene de la comarca de los Montes y parte de un primitivo fandango campesino) llenan las calles del centro con sus sonidos agudos y sombreros multicolores; la gente baila malagueñas y sevillanas en cualquier esquina; y el flamenco y la copla tienen, como los verdiales, caseta municipal propia en el Real. En el Cortijo de Torres no hay que perderse los paseos de enganches y caballistas (12.00-20.00), las exhibiciones ecuestres o los DJ que pinchan en la Explanada de la Juventud. Ambas ferias están conectadas las 24 h con el autobús F y el Ayuntamiento refuerza 20 líneas urbanas durante el festejo.

taller mecánico reformado con aforo para 248 espectadores y un ambigú. El actor malagueño Salva Reina es el director artístico del equipo que opera en este desenfadado y atractivo espacio. Abierto en el 2012, también organizan exposiciones de artes plásticas y talleres de teatro.

Vive la Vida

KARAOKE

PLANO: 9 P. 126, **D5**

Rematar la noche en un **karaoke** *(666 040 050; 22.00-4.30 ju-sa, 17.00-4.30 do; 22.00-4.30 ju-do jun-sep)* es tan divertido como siempre. Desgañitarse en el pequeño escenario de Vive la Vida es una opción para liberar tensiones y reírse un rato. Con predilección por los temas de los años ochenta y noventa, hay habituales que entonan bastante bien. En la misma calle *(av. de los Guindos 33)* hay otro karaoke: **Guateque 2.0** *(620983 733; 23.00-3.00 ma-sa).*

Maná Café

CAFÉ-COPAS

PLANO: 10 P. 126, **B6**

Este amplio y polivalente **establecimiento** *(grupomana.es; 15.00-2.00 lu-do)* es uno de los lugares de encuentro de la zona, frecuentado por jóvenes de cualquier edad. Es café, bar, *pub* y sala de espectáculos, todo en uno y con terraza. Programan pequeños espectáculos y televisan fútbol en pantalla gigante.

EL CONTENEDOR DE TEATINOS

El **Contenedor Cultural,** un gran espacio integrado por varias salas independientes y un jardín, ocupa una parcela de casi 3000 m² en el campus de Teatinos, corazón estudiantil de la ciudad. Tecla Lumbreras, entonces vicerrectora de Cultura de la Universidad de Málaga (UMA), fue la impulsora de este imaginativo proyecto que desde su creación en el 2016 ha programado cientos de actividades dirigidas principalmente a la comunidad universitaria, aunque abiertas a todo el que lo desee. Con la actual vicerrectora, Rosario Gutiérrez, sigue siendo una caja de la que salen creativas y divertidas sorpresas en distintos formatos: conciertos (como los de Hidrogenesse, Vinila Von Bismarck o Soleá Morente), cine, artes escénicas, exposiciones, artes vivas, *performances,* cursos, clases magistrales, acciones de guerrillas o talleres. También organizan concursos como el del "Tupper de mi madre"; fiestas *made in* Contenedor como "Por mi pueblo mato", una reivindicación de los orígenes rurales, o "El pitote del amour", una gamberra celebración de San Valentín. En definitiva, todo lo necesario para pasarlo bien con la cultura de fondo que culmina cada año a finales de mayo con la fiesta La Traca bajo el lema **UMAbarbaridad** *(uma.es/contenedorcultural/; abierto oct-jun)*

SUGERENCIAS

Lo mejor para...

€ Económico €€ Medio €€€ Alto

Localizaciones en los planos de las pp. 126 y 128

Comer

Mediterránea

La Alvaroteca €€€
11 A3
Álvaro Ávila, chef malagueño que ha tenido maestros como Juan Mari Arzak, está al frente de este restaurante, un tesoro escondido en el barrio Cruz de Humilladero que ofrece alta gastronomía a precios razonables. Su carta, basada en la tradición mediterránea y la imaginación, cambia semanalmente y ofrece un menú por 35 €. Imprescindible reservar. *laalvaroteca.com; almuerzo y cena ma-sa jun-15 oct, almuerzo y cena ma, ju, vi y sa, almuerzo vi y do 16 oct-may*

El Botijo €€
12 E6
Todo un clásico de la cocina castellana especializado en platos contundentes como el cordero lechal asado. Además de sus carnes a la parrilla o el conejo al ajillo, este asador es conocido por su bacalao a la riojana. Buen servicio en un establecimiento que lleva casi 40 años abierto. *952 246 784; almuerzo y cena ju-sa, almuerzo do-mi*

Andaluza y malagueña

Mesón Astorga €€
13 A2
José Calvo Astorga lleva desde 1990 dedicado a la cocina tradicional malagueña. A base de productos locales de calidad, ofrecen manjares como chivo lechal malagueño asado, callos, jibia con garbanzos o porra (una sopa fría más densa que el gazpacho), acompañados de buenos vinos. *mesonastorga.com; almuerzo y cena lu-sa*

Er Pichi de Cái €
14 B6
Bar de decoración marinera y ambiente gaditano en el que preparan bien el atún (encebollado, en escabeche, en manteca) y sirven auténticas tortillitas de camarones (no congeladas). Se puede comer con dos o tres tapas de su amplia lista. No reservan y es tan popular que comenzaron con el local de Huelin *(c. Río Rocío 12)* y ya tienen otros tres en Málaga. *erpichidecai.com; almuerzo y cena lu-do*

Ryma's Gastrobar €€
15 H1
Tras la visita al mercado de Huelin, aquí hay más pescado. Además del pulpo entero frito, ofrecen atún en escabeche, gambas a la plancha y su arroz con bogavante. También se puede tapear acodado en la barra o en alguna de las mesas de la terraza. *gastrobar-rymas.com; almuerzo y cena ma-sa, almuerzo do may-dic; almuerzo y cena vi y sa, almuerzo ma-ju y do ene-abr*

Bar Mesón Paco €
16 D6
Para muchos este bar sirve los mejores bocadillos de Málaga. La estrella es el de la casa que aúna tortilla de patatas con carne *mechá* y alioli, una mezcla que sacia al más

glotón (2,30 € medio y 3,70 € entero). También es famoso por su codillo de cerdo con patatas. Siempre hay cola, pero el personal es amable y merece la pena la espera. *952 233 198; desayuno y almuerzo ma-sa*

Pescado y marisco

Chiringuito Rocamar €€

17 C6

Es uno de los chiringuitos de playa, este en la de Huelin, que abre todo el año. Aquí se degustan los famosos espetos de sardinas, que asan con leña de olivo desde hace dos décadas con los pies casi en la arena y rodeado de las esbeltas chimeneas que caracterizan a este barrio obrero, además de arroces y frituras de pescado. *rocamarchiringuito.com; almuerzo lu-do, almuerzo y cena lu-do may-sep*

Mercado del Carmen €

18 D2

Este paraíso para los amantes del pescado (frito, a la plancha, adobado, en pinchos...), en el mercado de abastos homónimo en el barrio del Perchel, tiene una gran terraza junto al antiguo convento de San Andrés. Es un sitio bullicioso, pero el producto es fresco. Tiene otros dos restaurantes en el mercado: Nuestra Señora del Gran Poder y El Pescaíto. *666 103 237; desayuno y almuerzo lu-sa, almuerzo do*

Internacional

Rocío Tapas 34 Sushi €€

19 A4

Este local nació fruto de una bonita historia: el chef japonés Masao Kikuchi, pionero del *sushi* en España con el madrileño Tokio Taro, abrió en Marbella el Taro Guadalpín, donde coincidió con el malagueño Juan Bautista García, pero enfermó en el 2008. García y su familia lo cuidaron y, en agradecimiento, Kikuchi se sumó a su proyecto en el 2010 hasta su fallecimiento, en el 2022. El resultado es una auténtica barra japonesa para los amantes del *sushi*. *rociotapasysushi.com; almuerzo y cena vi y sa, almuerzo ma-ju oct-abr, cena ma-ju may-sep*

La Alacena de Francis €€

20 D2

Este pequeño restaurante es el resultado de la pasión por la cocina de la rusa Natalia Elekhina y el malagueño Daniel Giménez. Sirven blinis y pescado ahumado casero (p. ej., la tabla con dorada, trucha asalmonada y boquerones bálticos) junto a mollejas de cordero o bacalao ajoarriero. Se recomienda reservar y no saltarse los postres. *laalacenadefrancis.com; almuerzo y cena ma, ju, vi y sa, cena lu*

Tano's €

21 B6

Lugar perfecto para los amantes de la barbacoa con una gran terraza y una decoración setentera, de cuando abrió este negocio que ya cuenta con cuatro locales. Son famosas sus alitas de pollo, las crestas de ternera o cerdo y los pinchitos. La cocinera es marroquí y los fines de semana al mediodía prepara cuscús, también para llevar. *951 151 437; almuerzo y cena lu-do*

Da Saveria €

22 D2

Un agradable rincón que hace sentirse en la región de Calabria, de donde procede su cocinera, Saveria Guarnacco. Situado en una bonita calle peatonal frente a la portada de la iglesia del Carmen, elaboran su propia pasta fresca, *tagliatella*, y, por supuesto, no falta la *pizza*. *restauranteitaliano dasaveria.es; almuerzo y cena mi-sa, almuerzo do*

33-45 Sound €

23 A2

Entre las decenas de restaurantes que se suceden en la avenida Plutarco, la vía más concurrida del campus de Teatinos, por la que se mueven no solo estudiantes, destaca este sitio informal en el que todo gira en torno a la música. Su gran terraza es ideal para compartir delicias como quesadillas de carrillada o los fideos tostados. *673 747 898; almuerzo y cena lu-do*

Beber

Bares y algo más

Chupytira

24 B6

En una década este popular bar, freiduría y marisquería se ha convertido en un imprescindible del barrio para tomar una cerveza acompañada de unas coquinas, conchas finas, bolos, navajas o gambas. De chupar y tirar. *chupytira.es; 13.00-17.00 y 20.00-24.00 ma-do*

Tejeringos Luque

25 G1

Para muchos vecinos de Huelin desayunar café con tejeringos en este local es tradición. En vez de los típicos churros, aquí la masa de harina de trigo se fríe con forma de lazo. *675 532 367; 8.00-12.00 y 17.00-19.00 lu-ju, 8.00-12.00 lu-sa jun-sep*

Cafetería

Panadería Confitería Salvador

26 B6

Este obrador malagueño que funciona desde 1905 en el pueblo de Benajarafe tiene un enorme local en una esquina de Huelin con todos sus productos. También es cafetería y sirven saludables y apetitosos desayunos con distintos tipos de pan, como el bartolo o la malagueña. *panaderiasalvador.com; 7.00-21.30 lu-do*

Pastelería Daza

27 D6

Confitería y obrador que ha cosechado ya varios premios con su suculenta tarta de manzana. Además de sus milhojas rellenas de crema de vainilla y *brownies*. Cuenta con una agradable terraza para una buena merienda. *671 511 632; 9.30-14.00 y 16.00-20.00 ma-ju, 10.00-14.00 y 16.00-20.00 vi y sa*

Comprar

Delicias entre y fuera de horas

Heladería Inma

28 E3

Para ordenar la cola, dan número. Y es que Juan Jesús Cordón, el maestro heladero, busca la mejor materia prima donde sea. Los pistachos son de Sicilia, los piñones de Valladolid y las avellanas del Piamonte. Esta heladería de barrio con obrador propio, abierta desde 1972, suele tener una treintena de sabores. *952 320 290; 13.00-1.00 lu-do med mar-12 oct*

Patatas Paco José

29 D1

Aunque ya tiene más de 40 años, la fábrica de patatas fritas más antigua de Málaga ofrece una imagen actual en su establecimiento de Armengual de la Mota. También venden frutos secos y churros. La fábrica tiene otros dos locales en el centro, en las calles Sebastián Souvirón 5 y Calderería 2. *951 512 439; 8.30-22.00 lu-sa*

Chimenea de Los Guindos.

YASU CORREIA PELAYO/SHUTTERSTOCK ©

★ MERECE LA PENA

Churriana

A poco más de 10 km del centro de la ciudad está Churriana, uno de los 11 distritos de Málaga que merece una visita. Aunque antaño fue municipio, desde 1905 forma parte de la capital, y el aeropuerto está en su rica vega, la misma donde se cultivaba, hasta la década de 1960, la caña de azúcar (cañadú) que alimentaba los muchos ingenios que había en la costa. En la desembocadura del Guadalhorce, declarada Paraje Natural, en el enclave llamado Cerro del Villar, se han hallado vestigios del primer asentamiento fenicio en la península, del s. IX a.C. Las excavaciones de 1987 y 2003 han revelado la existencia de una amplia ciudad ubicada en una antigua isla en el delta del río, anterior a la presencia fenicia en Malaka, a los pies del monte Gibralfaro.

CONSEJO
Para visitar El Retiro hay que reservar con una semana de antelación. La reserva se hace a partir del martes en el contestador automático del teléfono 634 776 226 y hay que indicar nombre y número del DNI.

Casa Gerald Brenan

La **residencia** *(951 926 196; 16.30-21.00 mi y ju, 10.45-14.00 y 16.30-21.00 vi)* del escritor e hispanista británico Gerald Brenan y de su esposa, la poeta norteamericana Gamel Woolsey, entre 1935 y 1970, se ha convertido en centro de investigación y difusión de sus obras a través de publicaciones, conferencias y exposiciones. De momento han reeditado cuatro títulos con nuevas aportaciones y estudios, el último es *La literatura del pueblo español* (Renacimiento, 2024). La mansión alberga parte de la biblioteca del autor de *La faz de España,* documentos, fotografías y algunos objetos personales que recrean la vida del matrimonio y de sus amigos del británico círculo de Bloomsbury. La biblioteca cuenta además con unos 15 000 volúmenes del Instituto Municipal del Libro.

CASA GERALD BRENAN ©

La Cónsula

Este hermoso jardín histórico, desde 1993 sede la **Escuela de Hostelería de Málaga,** nació en el s. XVIII como finca agrícola y fue un cónsul de Prusia quien en 1807 levantó una mansión de recreo y creó un jardín clasicista francés. Enrique Heredia la adquirió en 1856 y plantó en sus 12,5 Ha especies tropicales y subtropicales de todo el mundo a la par que su hermana Amalia creaba el jardín de La Concepción (p. 62). La propiedad pasó después a manos de un matrimonio estadounidense, que en 1959 tuvo a Ernest Hemingway (allí germinó su ensayo *El verano peligroso*) entre sus ilustres invitados. El jardín, con 700 ejemplares de especies exóticas, puede visitarse en el mismo horario que está abierto el restaurante.

RESERVA IMPRESCINDIBLE
El restaurante de la escuela de hostelería **La Cónsula** ofrece solo menú cerrado, pero la calidad de su cocina mediterránea y reducido precio hacen que esté muy demandado. Resérvese en su web con un par de meses de antelación.

UNA PAUSA
Si no se ha conseguido mesa en La Cónsula, se puede disfrutar de los frutos de sartén de **El Artesano** *(608 941 504; 8.00-12.30 y 17.00-20.00 lu-do)*, una cafetería siempre muy concurrida famosa por sus tejeringos (churros en forma de aro, típicos de la provincia).

En 1973 el Ayuntamiento de Málaga compró la finca que hoy funciona como **escuela de hostelería** *(600 168 832; menú cerrado maridado con tres vinos 27 €; almuerzo ma-ju 28 oct-15 jun)*, de donde han salido chefs como Dani García, Celia Jiménez o José Carlos García, los tres reconocidos posteriormente con estrellas Michelin.

El Retiro

Este **jardín histórico** *(634 776 226; 10.00-13.00 ma; visitas gratuitas y guiadas de 1 h, imprescindible reservar una semana antes)* creado por el obispo de Málaga fray Alonso de Santo Tomás, hijo bastardo de Felipe IV, en el s. XVII como lugar de reposo y recreo, pasó después a manos del conde de Buenavista, cuya familia lo convirtió en un glamuroso jardín cortesano de estilo italiano, con fuentes, esculturas en mármol y cascadas en varios niveles, obra de Martín de Aldehuela, autor también del Puente Nuevo de Ronda a finales del s. XVIII. La finca, declarada Bien de Interés Cultural (BIC), está en manos privadas, pero se puede visitar un día a la semana. Solo entran tres grupos de 15 personas y la visita se suspende si llueve. Actualmente se ingresa por una entrada provisional por la calle Argelia 5, una pequeña puerta en un muro. A pesar de que el tiempo y los distintos usos que ha tenido la finca, entre ellos el de parque ornitológico, han dejado mucha huella en el jardín y en el conjunto escultórico, la experiencia es inolvidable.

Museo Aeronáutico

Bajo el lema "Toca y aprende", este **museo** *(aeromuseo.org; 10.00-14.00 mi-sa, 10.00-20.00 ma; gratuito)* reúne 10 aeronaves, incluido un modelo previo a la era digital en sus más de 3000 m². También se puede conocer la antigua torre de control del aeropuerto de Málaga de 1948, obra significativa de Luis Gutiérrez Soto y ejemplo de arquitectura del Movimiento Moderno. Las instalaciones, que también ofrecen exposiciones temporales, incluyen tres simuladores de vuelos, lo más popular del museo. La visita guiada, muy recomendable para los más pequeños, dura 90 min y cuenta con audioguía.

Parador de Málaga Golf

Inaugurado en 1925, este **complejo de hotel** *(paradores.es/es/parador-de-malaga-golf)* ubicado junto a la orilla del mar alberga el campo de golf más antiguo de la Costa del Sol. Además de sus 18 hoyos, el parador tiene pistas de tenis y de pádel, así como un restaurante-cafetería *(desayuno, almuerzo y cena lu-do)* con terraza para disfrutar de la playa sin mancharse los pies de arena. No es necesario estar alojado, todas sus instalaciones y las pistas deportivas están abiertas al público en general.

El Retiro, fuente.

JARDÍN HISTÓRICO EL RETIRO ©

CÓMO LLEGAR Y DESPLAZARSE

Churriana está a 45 min en autobús del centro de Málaga (nº 9 y 10), es decir, a una excursión de una o media jornada. La línea M-123 conecta Churriana con Torremolinos y Benalmádena Costa. En la barriada se puede caminar. Para ir a El Retiro se puede llegar caminando *(20 min)* desde la parada 1025 (carretera de Coín-Heliomar) o en taxi.

La opinión del lector

Nos encanta escuchar a los viajeros, ya que con sus comentarios nos ayudan a mejorar nuestros libros. Podéis escribirnos a lonelyplanet.com/contact; leemos todos los mensajes y garantizamos que estos lleguen a los autores.

Nota: Es posible que algunos fragmentos de estos mensajes aparezcan en nuevas ediciones de las guías Lonely Planet, en la web o en productos digitales. Si preferís que vuestro contenido o nombre no sean publicados, por favor, indicadlo claramente. Para obtener una copia de nuestra política de privacidad, podéis visitar lonelyplanet.com/legal.

Agradecimientos

Muchas gracias a todos los amigos que han compartido su tiempo y conocimientos conmigo para que esta guía sea una realidad: Salvador Moreno Peralta, José Ignacio Díaz Pardo, Román Fernández-Baca, Alfredo Taján, Diego Santos, Rosario Camacho, Tecla Lumbreras, Víctor Heredia, Gonzalo Mendiola, Olga Gómez Millón, Rafael Sicilia, Susana Pérez Rubio, Lidia Miranda, Daniel Albújar, Marisa Gascón y, muy especialmente, a mis padres, Reme y Cholo, que me inculcaron el amor a Málaga.

geoPlaneta
Av. Diagonal 662-664, 08034 Barcelona
www.geoplaneta.com – www.lonelyplanet.es

Lonely Planet Global Limited
Lonely Planet Global Limited, Digital Depot,
The Digital Hub, Dublín D08 TCV4, Irlanda
www.lonelyplanet.com
Contacta con Lonely Planet en: lonelyplanet.com/contact

Málaga de cerca
2ª edición en español – julio del 2025
© Lonely Planet Global Limited
1ª edición en español – mayo del 2022

Editorial Planeta, S.A.
Av. Diagonal 662-664, 7º. 08034 Barcelona (España)
Con la autorización para la edición en español de Lonely Planet Global Limited, Digital Depot,
The Digital Hub, Dublín, D08 TCV4, Irlanda

ISBN: 978-84-08-29657-7
Depósito legal: B. 16.623-2024
Impresión y encuadernación: Unigraf
Printed in Spain – Impreso en España

Guía práctica

Detalle de la decoración de la Alcazaba (p. 58).
ARTUR_NYK/SHUTTERSTOCK ©

Viajar en familia

Málaga es una ciudad a la que se puede viajar con niños sin problemas. El centro ofrece un sinfín de terrazas donde comer al aire libre, los parques públicos tienen lugares para el juego y el Muelle Uno cuenta con muchas y variadas opciones para pasar un día divertido.

Salir con niños

En Andalucía los niños van a casi todas partes con sus padres que, especialmente en verano, trasnochan en terrazas de bares y restaurantes. Muchos museos han creado actividades específicas para despertar su curiosidad por la historia y el arte, especialmente el **Museo de Málaga** (p. 50). Y cada vez más familias recorren la ciudad en bicicleta.

Comer fuera

En los restaurantes suelen ofrecer menú infantil o adaptan algunos de sus platos al gusto de los infantes. Los aseos no suelen estar adaptados para niños y solo algunos tienen cambiadores. En restaurantes familiares y algunos restaurantes más grandes tienen tronas.

PARQUES INFANTILES PÚBLICOS

Prácticamente todos los parques públicos y zonas ajardinadas disponen de una zona de recreo infantil acotada con columpios, toboganes y otras instalaciones seguras para los más pequeños. Existen espacios municipales de acceso libre con zonas para niños en los parques de Huelin, Litoral 25 de Noviembre, del Oeste (p. 130), del Norte o la Isla del Tesoro, entre otros.

Lactancia materna

Las salas de lactancia son prácticamente inexistentes y nadie se extraña al ver a una madre amamantando a su hijo en un espacio público.

Diversiones

Hasta los 12 años la entrada a los museos suele ser gratuita. El **Jardín Botánico-Histórico La Concepción** (p. 62) también es gratuito todos los domingos; mientras que la sala del **Centre Pompidou** (p. 99), diseñada para niños acompañados de un adulto, es siempre gratis. El **Teatro Echegaray** (p. 64) ofrece programación infantil de danza y teatro y el **Muelle Uno** (p. 93) es ideal para un paseo a pie o en barco.

Alojamiento

Se aconseja elegir la zona donde alojarse en función de los intereses; aunque, si gusta caminar, todo el centro queda al alcance.

Si te gusta...

Monumentos, vistas y compras

Calles Marqués de Larios y Molina Lario (p. 55) En pleno centro histórico, al lado de la catedral y del Museo Picasso, con tiendas, muchos restaurantes y hoteles de lujo, es la zona más cara y también la más concurrida.

IMPRESCINDIBLE

El Soho (p. 75) Desde el Soho todo queda a un paseo a pie y, sin embargo, no está tan saturado de alojamientos turísticos como otras zonas más céntricas. Cuenta con hoteles algo más asequibles que los ubicados en la calle Marqués de Larios y aledaños, con bares y restaurantes, así como con un buen número de grafitis de artistas internacionales, tiendas alternativas y un mercadillo de artesanos el cuarto domingo de cada mes.

Arquitectura y el puerto

Plaza de la Marina y el Parque (p. 92) El parque y la plaza de la Marina se han convertido en escenarios para ferias y mercados, albergan hoteles que miran al mar y al animado Muelle Uno.

CUÁNTO CUESTA

Doble en hotel-*boutique* en el Soho **desde 180 €**

Cama en albergue **desde 30 €**

Doble en hotel de lujo en el centro **desde 250 €**

Bares de moda y cultura

Plaza de la Merced (pp. 68-69) Animados bares y restaurantes rodeados de arte en el lugar donde nació Picasso, alguna galería de arte contemporáneo y bares de copas en la zona de Lagunillas; además, cuenta con el teatro Cervantes.

Villas elegantes y chiringuitos de pescado

La Malagueta (p. 91) Desde la plaza de toros hacia El Limonar se puede disfrutar de un ambiente más relajado que en el centro, comer en algún chiringuito a la orilla del mar y darse un baño en la playa de La Malagueta.

Comida, bebida y fiesta

DESCIFRAR LA CARTA

Espetos Las sardinas, pero también otros pescados, se insertan en una caña y se asan sobre la arena. El fuego se prepara con leña sobre una barca a la vista de los comensales. Los mejores meses para comer espetos de sardinas son los que no tienen erre, de mayo a agosto. La asociación Mesa del Espeto lucha para que el oficio de espetero o amoragador se declare Patrimonio Inmaterial de la Humanidad.

Conchas finas Una almeja gigante viva que se consume cruda. Está fresca si su lengua roja se mueve al echarle unas gotitas de limón.

Boquerones fritos Producto estrella de la fritura malagueña, deben tener unos 10 cm, el lomo plateado y estar crujientes.

Loca Torta típica de Málaga desde los años cincuenta, es de hojaldre relleno de crema pastelera y está recubierta con un glaseado de yema.

RESERVAS

Es conveniente reservar, incluso en días laborables. Los fines de semana es casi imposible encontrar una mesa sin reserva. Algunos locales, pocos, no admiten reservas, se llenan por orden de llegada y tienen listas de espera.

COMER EN LA CALLE

En Málaga hay tantas terrazas para comer al aire libre que es difícil encontrar puestos ambulantes, excepto durante la Feria de Agosto. Lo único que puede encontrarse todo el año son los cartuchos de almendras fritas; mientras que las ollas con castañas asadas ahúman las calles de octubre a enero.

Pagar la cuenta

Casi todos los restaurantes admiten el pago con tarjeta de crédito, algunos incluso la fraccionan si los comensales desean pagar por separado. Si se necesita factura individual, deberá advertirse antes de pedir la comanda.

Propina No es obligatoria ni está incluida en la cuenta. En un restaurante se suele dejar de 2 a 3 € por persona, y en los más económicos el personal no espera propina. Si se paga con tarjeta de crédito es recomendable preguntar si prefieren la propina en metálico o es posible añadirla al total de la tarjeta.

HORARIOS

Cafés y bares 8.00-22.00; en los bares en verano el cierre se retrasa hasta medianoche.
Restaurantes Almuerzo 13.00-16.00, cena 20.00-24.00; algunos cierran más tarde los fines de semana y los que cuentan con terraza alargan el servicio con las copas.
Terrazas y bares de copas 18.00 o 19.00-2.00 o 3.00.

PRECIOS

Precio de un plato principal:
€ menos de 25 €
€€ entre 25 y 40 €
€€€ más de 40 €

Salir

Adónde ir Todo el centro histórico está cubierto por cientos de terrazas. Si lo que se busca son bares o *pubs*, están en el Soho. Para trasnochar, se aconsejan los bares y cafés de la plaza de la Merced, Lagunillas y alrededores. Por supuesto, el Muelle Uno y el paseo marítimo de La Malagueta son ideales para tardear. Muchos jóvenes malagueños con presupuestos bajos optan por bares y restaurantes en la zona de Teatinos, cerca del campus universitario.

'Happy hour' Son muy pocos los bares que tienen precios reducidos a determinadas horas u ofrecen un dos por uno en algunas bebidas.

Clubes Para música en directo hay opciones como ZZ Pub *(zzpub.es)*, La Polivalente *(lapolivalente.com)* o El Antojo *(antojomalaga.es)*. Una de las discotecas más de moda en el centro es Liceo *(c. Beatas 21)*. También destacan Attica Le Club *(c. Echegaray 9)* o Velvet Club *(c. Convalecientes 11)*.

Cuándo ir a bailar Los fines de semana las discotecas y los clubes abren desde las 22.00 hasta el amanecer; los locales con música en directo suelen cerrar a las 3.00. El ambiente se caldea a partir de medianoche. Durante la semana suelen abrir de 22.00 a 2.00.

CUÁNTO CUESTA

Espeto de sardinas
5-8 €

Ración de boquerones
12-15 €

Café
1,50-3 €

Pitufo
1,50-2,50 €

Caña
1,50-4 €

Copa de vino
2,50-5 €

Cóctel
8-12 €

Menú del día
15-25 €

Comunidad LGTBIQ+

La verdadera movida gay no está en la capital malagueña, sino en el vecino municipio de Torremolinos, conectado con el centro gracias al tren de cercanías en unos 22 minutos o a los autobuses que salen de la estación de Muelle Heredia y tardan algo más de 30 minutos.

Historia

El pasaje Begoña en Torroles (como llaman al pueblo costero y superturístico de Torremolinos) fue el centro de referencia del ocio nocturno desde 1962 y allí se encontraba el Tony's Bar, el primer local gay de España. Era un establecimiento conocido y tolerado por las autoridades franquistas hasta que el régimen endureció su política contra la homosexualidad y organizó una gran redada el 24 de junio de 1971. La operación afectó a 300 personas y terminó con 114 arrestados por "atentar contra la moral y las buenas costumbres". Muchos acabaron encarcelados y los extranjeros, deportados. El pasaje Begoña ha sido declarado Lugar de Memoria Histórica y cuna de los derechos y libertades de la comunidad LGTBIQ+.

DÍA DEL ORGULLO

Torremolinos centra las celebraciones más multitudinarias de este día, 28 de junio, aunque en Málaga también se celebra. Para más información, véase *pridetorremolinos.es*.

IMPRESCINDIBLE

Locales en Málaga

El centro reúne algunos locales frecuentados por la comunidad, como **Kipfer & Lover** *(kipferandlover.com)*, un bar que organiza eventos culturales y cuenta con club de lectura; **Picasso Bar** *(restaurantepicasso.com)*, en la pl. de la Merced, **La Comedia** *(c. Comedias 15)* o el siempre animado **Café de Estraperlo** *(pl. Poeta Alfonso Canales 4)*, frente a la entrada del puerto.

Recursos

- **Andalucía Diversidad** Es una agrupación de entidades LGTBI+ de la región andaluza *(andalucialgbt.com)*, con información, asesoramiento legal, médico y atención social.
- **'SIX'** El diario *SUR*, el periódico local de Málaga, edita en papel la revista anual *SIX*, también disponible en versión digital *(diariosur.es/six)*, publicación gratuita que se distribuye en toda Andalucía.

Salud y seguridad

Aunque Málaga es una ciudad segura, especialmente el centro, conviene ser precavido y siempre mantener vigiladas las pertenencias.

Atención médica

Los extranjeros tienen derecho a la asistencia sanitaria pública de urgencia por enfermedad grave o accidente y será gratuita si proceden de países pertenecientes a la Unión Europea. Los extracomunitarios tienen que pagar, así que se recomienda contratar un seguro de viaje. Los poseedores de la tarjeta de la Seguridad Social española son atendidos en todo el territorio nacional.

A TENER EN CUENTA

Alcohol
Está prohibido hacer botellones en espacios públicos y no se vende a menores de edad.

Marihuana
El consumo está despenalizado en espacios privados o clubes cannábicos. Solo está permitida la posesión de 100 gr de marihuana.

Seguridad
No hay que dejar nada a la vista en el automóvil.

Carteristas

Suelen actuar en las bullas, especialmente en Semana Santa y Feria de Agosto, y también en la subida a pie al castillo de Gibralfaro. Roban la cartera sin que la víctima se percate. No son frecuentes en los autobuses. En verano hay descuideros en la playa de La Malagueta que se llevan la bolsa entera mientras la gente se baña.

ENCONTRAR UN BAÑO

Los sanitarios públicos son casi inexistentes. Hay instaladas cabinas metálicas en la plaza de la Marina, el paseo del Parque y en la plaza Jesús el Rico. También en las estaciones de trenes y autobuses; así como en los aparcamientos municipales. Para usar los aseos de bares o restaurantes es conveniente realizar una pequeña consumición o pedir permiso.

Policía turística

El **Servicio de Atención al Turista Extranjero** (SATE) funciona en la oficina de turismo de la plaza de la Marina *(951 926 161, 9.00-18.00 lu-do)*. La mayor parte de las denuncias son por pequeños hurtos con pérdida de documentación. Para emergencias fuera de ese horario se puede acudir a cualquier comisaría de policía.

Turismo responsable

Cuidar el medioambiente es una obligación tanto en casa como cuando se sale de viaje. Aquí se ofrecen algunos consejos.

Pasear y pedalear

Se puede minimizar la huella de carbono eligiendo el **transporte público** en lugar del privado. El centro histórico está lleno de calles peatonales y se puede llegar andando a cualquier punto del centro de la ciudad en menos de 20 min. Existen empresas que alquilan bicicletas y es muy agradable pedalear, sobre todo por la parte llana más cercana al mar.

Transporte sostenible

La Empresa Malagueña de Transportes (EMT) está sustituyendo su flota con el objetivo de que en el 2030 todos sus vehículos sean eléctricos y solo una pequeña parte sea híbrida. El tren de cercanías es también una buena opción para cuidar el medioambiente.

El cambio climático y los viajes

Es imposible ignorar el impacto de nuestros viajes y la importancia de hacer cambios. Lonely Planet anima a todos los viajeros a involucrarse en su huella de carbono. Muchas webs de líneas aéreas y sitios de reservas ofrecen la opción de compensar el impacto de los gases de efecto invernadero realizando donaciones para iniciativas respetuosas con el clima en todo el mundo.

IMPRESCINDIBLE

Kilómetro cero

Sabor a Málaga (p. 81), la marca creada por la Diputación para promocionar los productos autóctonos malagueños, es una iniciativa que garantiza la calidad, conserva la tradición y fomenta el consumo de productos de cercanía (saboramalaga.es). En su web pueden encontrarse las tiendas que venden productos adheridos al sello y también los restaurantes que los utilizan.

Recursos

• **Información Turística de Málaga** Atienden cualquier duda sobre horarios y espacios públicos *(951 926 020, 9.00-18.00 nov-mar; 9.00-19.00 abr-oct)*. También funciona el teléfono municipal 010 o 951 926 010. • **malaga.eu** Esta web del Ayuntamiento de Málaga es estupenda para estar al día, no solo de los sitios que visitar, sino también de lo que ocurre en la ciudad.

Accesibilidad

Transporte público

Los autobuses urbanos, todas las estaciones del metro y el tren de cercanías son accesibles para personas en sillas de ruedas o con movilidad reducida. En todo el transporte público existen asientos reservados para mayores, embarazadas o viajeros con niños pequeños. Los autobuses cuentan con espacio para dejar los cochecitos de bebés, andadores u otros accesorios.

Taxis

Taxi Unión Málaga *(taxi-union.es; 952 040 404)* y **Unitaxi** *(unitaxi.es; 952 333 333)* ofrecen servicio de taxis adaptados a personas con necesidades especiales. Conviene reservar con antelación.

Turismo sin barreras

La Junta de Andalucía da consejos para el turismo inclusivo en su web *(andalucia.org/blog/post/malaga-ciudad-accesible-para-conocer-en-familia)*.

Playas accesibles

Desde el 15 de junio al 15 de septiembre el Ayuntamiento pone en marcha un servicio de baño asistido para personas con movilidad reducida en las playas de La Misericordia, El Dedo y La Malagueta *(malaga.eu/la-ciudad/playas/actividades/detalle-de-la-actividad/Disfruta-la-Playa-2024)*. El programa cuenta con sillas anfibias para adultos y niños, además de otros materiales de flotación. Es imprescindible reservar llamando al 621 193 831 de 12.30 a 18.30. También existen puntos de baño autónomos, con sillas anfibias que se solicitan en los puestos colindantes, en las playas de San Andrés, La Caleta, Pedregalejo, Guadalmar y Palo.

ARTE INCLUSIVO

Los principales monumentos y museos malagueños son accesibles para personas con movilidad reducida y cuentan con entrada gratuita. El ingreso a la **catedral** (p. 42) se realiza por una puerta secundaria, en la calle Cister, pero el recorrido no tiene barreras arquitectónicas y sus aseos están adaptados. Casi todos los museos de la ciudad tienen sillas de ruedas, que se pueden solicitar en taquilla, ascensores y baños adaptados. Algunos de los museos con numerosas propuestas inclusivas son el **Museo Picasso** (p. 46), el **Museo Carmen Thyssen** (p. 80), el **Centre Pompidou** (p. 99) y el **Museo de Málaga** (p. 50).

Recursos

- **predif.org** Impulsa Igualdad es una entidad que lucha por la igualdad de derechos y oportunidades para las personas con discapacidad física en España.

Lo esencial

Horario comercial

Los habituales son los siguientes:

Bancos 9.00-14.00 lu-vi; algunos también 16.00-19.00 ju

Oficinas de correos céntricas 8.30-20.30 lu-vi. La oficina principal está en la avenida de la Explanada de la Estación s/n; hay otra en el centro, en la calle Santa Lucía 7.

Cafés 8.00-22.00

Bares de tapas 12.00-24.00

Bares de copas 18.00 o 19.00-2.00 o 3.00

Restaurantes Almuerzo 13.00-16.00, cena 20.00-24.00

Tiendas 10.00-14.00 y 16.30-19.30 o 17.00-20.00. Las grandes superficies abren de 10.00 a 22.00 del 1 de junio al 30 de septiembre, así como los domingos, tras ser declarada la ciudad Zona de Gran Afluencia Turística.

ELECTRICIDAD
220V/50Hz

EMERGENCIAS

Ambulancia y UVI móvil
061

Sanidad, protección civil y seguridad ciudadana
112

Bomberos
080

Policía local
092

Internet

El aeropuerto y el centro comercial Vialia, en la estación de trenes María Zambrano disponen de wifi gratuito. Los hoteles y casi todos los restaurantes y bares tienen internet para sus clientes. La oficina de turismo de la plaza de la Marina ofrece un código disponible 24 h en las inmediaciones de la plaza.

Fiestas oficiales

Muchas tiendas cierran y los lugares de interés suelen reducir sus horarios los siguientes días:

Año Nuevo 1 de enero

Reyes Magos 6 de enero

Día de Andalucía 28 de febrero

Jueves Santo marzo/abril

Viernes Santo marzo/abril

Día del Trabajo 1 de mayo

Fiesta de la Asunción 15 de agosto

Fiesta de la Toma de Málaga 19 de agosto

Fiesta de la Victoria 8 de septiembre

Día de la Hispanidad 12 de octubre

Día de Todos los Santos 1 de noviembre

Día de la Constitución 6 de diciembre

Fiesta de la Inmaculada Concepción 8 de diciembre

Navidad 25 de diciembre

Índice

Puntos de interés p. 000
Págs. de los planos p. 000

Véase también los subíndices:
Comer p. 155
Beber p. 156
Comprar p. 156

Beber

Comprar